아이가 공부를
처음
시작합니다

손정선 지음

프롤로그

행복한 아이가
공부도 잘한다

　어느 날 학원가를 지나가다가 패스트푸드점에 홀로 앉아 햄버거를 먹고 있는 아이를 보게 되었다. 10살쯤 되었을까? 아이가 혼자서 야무지게 햄버거를 먹는 모습이 귀엽고 대견하기도 하면서 '왜 혼자일까?'라는 의문도 들었다.

　아이는 번잡한 주변에는 아랑곳하지 않고 패드를 들여다보고 있었는데, 얼마나 열중하는지 문득 무엇을 보고 있는지 궁금해졌다. 아이의 또래들처럼 유튜브에 푹 빠져 있는 게 아닐까 싶었다. 요즘 아이들의 관심사가 궁금했던 나는 화면으로 시선을 돌렸다. 그런데 예상치 못한 장면이 눈에 들어와 깜짝 놀라고 말았다.

아이가 보고 있는 패드 화면에는 유명한 스타강사가 열정적으로 강의를 하고 있었다. 작은 체구의 아이가 몰입해서 보고 있는 것은 수학 강의였다. 처음에는 아이가 햄버거를 오물거리며 먹는 모습이 귀엽게 느껴졌지만, 강의를 보고 있었다는 사실을 알게 되자 달리 보였다. 마치 음식을 씹어 삼키기 위해 저작근을 열심히 움직이고 있는 것처럼 느껴졌다.

자연스럽게 내 시선은 아이의 부모를 찾아 주변을 살폈다. 근처에는 고학년 아이들이 모여 있는 테이블, 엄마와 아이가 함께 있는 테이블, 주문을 위해 줄 서 있는 사람들과 테이블을 치우는 직원들이 있었지만 아이의 부모로 보이는 사람은 어디에도 없었다.

'아이가 대단하네. 자투리 시간을 이용해 공부하면서 식사까지 해결하다니!'라는 생각이 스쳤다. 그러나 곧 이어 든 생각은 '안타깝다. 저 나이에는 친구들과 함께 밥을 먹거나 부모와 함께 있는 게 좋을 텐데…. 저 아이는 외롭지 않을까?'였다.

계획에 맞추어 착실하게 공부하고, 식사까지 챙기는 아이는 어른들에게 대견하고 야무지다고 칭찬받을 것이다. 식사 시간에도 강의를 챙겨 볼 정도라면 선행을 하고 있을 가능성이 크고, 학습적인 면에서도 우수할 것이다. 이런 아이를 둔 부모라면 분명 뿌듯할 것이다. 하지만 문득 이런 생각이 들었다.

'과연 지금 저 아이는 행복할까?

만약 아이의 부모가 이 모습을 본다면 어떤 생각이 들까?'

국민건강보험공단에 따르면 2022년 정신과 입원 환자 중 22%가 10~20대라고 한다. 1만 3000여 명이었던 환자는 5년 만에 1만 7000명으로 상승했는데, 이는 전 연령대 중 가장 가파른 상승폭이다. 자살 시도 또한 5년 전에 비해 50%가 증가하였다. 무엇이 10~20대 아이들을 이렇게 힘들게 만드는 것일까?

상담을 받으러 오는 많은 미취학 아이들의 검사 결과는 놀랍다. 아직 공부를 시작할 필요도 없고 억지로 해야 할 시기도 아닌데, 아이들은 "나는 공부가 싫다", "학교에 가면 공부를 더 많이 해야 돼서 싫다", "우리 엄마는 공부만 좋아한다", "우리 엄마는 공부시킬 때 무섭다"고 말한다.

아이들에게 좋아하는 것을 그려보라고 하면 대부분 '엄마, 아빠, 축구, 야구, 초콜릿, 아이스크림, 핸드폰, 게임, 캐릭터, 강아지, 고양이' 등을 그린다. 그러나 엄마와 아빠가 좋아하는 것을 그려보라고 하면 아이는 "엄마, 아빠는 저를 좋아해요" 하면서 자신의 모습을 그리는 경우도 있지만, 대부분 100점 맞은 시험지나 연필과 책을 그리며 "엄마, 아빠는 공부를 좋아해요"라고 말한다.

"공부하기 싫고, 놀고 싶어요"라고 말하는 아이들의 부모와 이야기를 나누어 보면 "아직은 아이에게 과하게 공부시킨다고 생각하지 않아요", "다른 아이들보다 덜 시키는 편이에요"라고 말하는 경우가 많다. 그럴 때마다 아이와 부모의 생각이 얼마나 다른지 실감하게 된다.

아이와 부모가 각기 다른 기대와 생각을 가지고 있다면, 그 관계는 앞으로 어떻게 될까? 나는 지난 22년간 3만 명이 넘는 부모와 아이들을 만났다. 강연과 상담을 통해 만난 부모들은 공통적으로 "아이가 행복했으면 좋겠어요. 아이를 어떻게 키워야 할까요?"라고 질문했다. 이 고민은 자연스럽게 "아이가 맡은 일을 스스로 잘하게 하려면 어떻게 해야 할까요?"로 이어졌고, "공부를 잘했으면 좋겠어요. 어떻게 도와줄 수 있을까요?"라는 질문으로 구체화되었다. 부모들은 아이가 행복하기를 바라고, 대부분 그 방법으로 공부를 잘하는 것이 중요하다고 생각했다.

학령기 아이에게 학습에서 좋은 결과를 기대하는 것은 자연스러운 바람이다. 그러나 기질에 따라 학습에 자연스럽게 노출되는 것을 부담스럽게 느끼지 않는 아이가 있는가 하면, 이런 노출조차 싫어하는 아이도 있다. 아이의 기질과 성격, 지능의 강점과 약점, 심리 상태에 따라 학습에 접근하는 방식은 달라야 한다. 내 아이에게 맞는 학습법으로 지도할 때 아이에게 공부하고 싶은 마음이 생기고 꾸준히 지속할 수 있다.

아이의 '심리적 안정'은 학습과 연관이 깊다. 아이의 자존감과 회복탄력성이 높을수록 학습 성과가 뛰어나다. 이러한 아이들은 자기 자신을 긍정적으로 바라보고, 어려움과 실패를 겪어도 다시 도전하며, 교우 관계도 원만하다.

이 책은 아이의 성격과 기질에 맞는 학습법을 제안하고, 아이의 마음을 따뜻하게 보듬는 부모가 되는 방법을 함께 고민한다. 내 아이에게 맞는 양육법을 익히고, 아이가 겪을 수 있는 다양한 어려움을 이해하며 함께 극복해 나갈 수 있는 방법을 배울 수 있을 것이다.

우리 아이들이 가정에서 부모와 소통하며 따뜻함을 느끼고, 나아가 사회에서도 사람들과 건강한 관계를 유지하며 행복을 누릴 수 있게 되기를 바란다.

가정에 평화를 빌며
손정선

차례

프롤로그 행복한 아이가 공부도 잘한다 3

행복한 아이의 멘탈이 튼튼하다

---

01 아이에게 떡 하나 더 주자 15
02 공부는 식은 죽 먹기보다 쉽다 20
03 성적은 행복순이다 26

기질별 학습으로 자신감 키우기

---

01 아이 기질의 비밀을 푸는 열쇠 Ⅰ 31
　활동성 | 규칙성 | 주의력 | 지속성 | 적응성 | 접근성 | 자극 민감성 | 반응 강도 |
　기분의 질

02 아이 기질의 비밀을 푸는 열쇠 Ⅱ 54
　순한 기질 | 까다로운 기질 | 느린 기질 | 혼합형 기질

| 03 모범생이 힘든 이유 | 60 |

| 04 기질별 학습 방해 요소 | 64 |

활동성이 매우 높거나 낮을 때 | 규칙성이 매우 낮을 때 | 주의력과 지속성이 매우 낮을 때 | 자극 민감성이 매우 높을 때

| 05 기질별 학습 허들 뛰어넘기 | 68 |

활동성 조절하기 | 규칙성 높이기 | 주의력과 지속성 높이기 | 자극 민감성 낮추기

3장
공부에 최적화된 환경 만들기

| 01 공부하고 싶은 마음 만들기 | 83 |

아이의 집중력을 높여주는 가장 쉬운 방법 | 불안한 아이를 위한 10분의 마법

| 02 몰입할 수 있는 환경 만들기 | 105 |
| 03 능률이 오르는 분위기 만들기 | 116 |

규칙적으로 시간 관리를 하려면 | 책 읽는 즐거움을 선물하는 법 | 친구 관계가 공부에 미치는 영향

공부 약점 극복하기

01 지능 지표별 강점과 약점 찾기　　　　　　　　　　127
언어이해 지표 | 시공간 지표 | 유동추론 지표 | 작업기억 지표 | 처리속도 지표

02 약점 공부법　　　　　　　　　　138
언어이해 지표 약점 공부법 | 시공간 지표 약점 공부법 | 유동추론 지표 약점 공부법 | 작업기억 지표 약점 공부법 | 처리속도 지표 약점 공부법

다양한 기질의 아이들을 만나다

01 우리 아이 ADHD일까요?　　　　　　　　　　159
02 시키는 대로 다 하는 아이, 지치지 않을까요?　　　　　　　　　　175
03 불안하고 우울한 아이, 어떻게 도와줄까요?　　　　　　　　　　182
04 아이는 노력하는데, 왜 성적이 나오지 않을까요?　　　　　　　　　　191
05 사회성이 부족한 아이, 어떻게 키워야 할까요?　　　　　　　　　　202

시기별 달라지는 부모의 역할

01 초등 저학년, 조급해하지 말고 한 걸음씩!   219
집에서 새는 바가지는 학교에 가서도 샌다 | '공부하자'는 말 대신 아이의 마음을 움직이는 법 | 지속 가능한 공부 체력 만들기 | 높은 자존감과 회복탄력성도 반복 학습이다 | 하루 최소 2시간은 놀게 하자

02 초등 고학년, 간섭은 줄이고 자율성은 높여주자   240
아이의 습관을 다시 점검하라 | 위생과 외모 관리가 자신감의 시작이다 | 낭비하는 시간 없애고, 집중력 높이기 | 좋아하는 것이 꿈을 만든다

03 중고등, 말로 상처 주지 말고 믿어주자   251
아이 앞에서 언행을 조심하자 | 사춘기는 반드시 겪어야 한다 | 그릇을 높여주자 | 아이의 독립은 부부에게 새로운 시작이다

공부는 멘탈이다

01 아이의 진정한 행복은 어디에서 올까?   263
02 부모는 가정의 기둥이자 지붕이다   266
03 작은 변화가 아이의 자신감을 만든다   270
04 저절로 괜찮아질 거라는 착각   273
05 육아에 사회적 연대가 필요한 이유   276

1장

행복한 아이의
멘탈이 튼튼하다

아이에게 떡 하나 더 주자

'나는 무엇을 위해 살고 있는가?'

'나는 지금 행복한가?'

이 질문은 누구나 한 번쯤 해봤을 것이다. 이런 생각이 떠오를 때마다 부모로서 아이만큼은 나보다 더 '자신이 원하는 삶'을 살았으면 하는 바람을 갖게 된다. 그래서 부모는 아이의 미래를 위해 준비하고 노력한다.

그러다 문득 학창 시절, 공부에 대한 아쉬움이 머릿속을 스쳐 지나갈 때면 이런 후회가 남지 않고, 나보다 더 편하게 살길 바라는 마음에 때로는 아이를 다그치거나 닦달하기도 한다. 하지만 내 말과 행동이 상처가 된다면 그것이 정말 아이를 위한 길일까? 과연 아이는 행복할까?

아이가 스스로 공부에 흥미를 느끼려면 무엇보다도 '공부를 해야 하는 이유'를 깨닫는 것이 중요하다. 요즘 아이들은 유튜브, 핸드폰, 게임, SNS 등 집중하기 어려운 환경에 놓여 있다. 이런 상황일수록 아이의 마음을 이해하고, 공부를 해야 하는 진정한 동기를 찾을 수 있도록 함께 고민하는 과정이 필요하다.

아이의 신생아 시절을 떠올려보자. 아기들은 배가 고프면 짜증을 내지만, 배가 부르면 생글생글 웃는다. 아이가 그저 웃어주기만 해도 세상을 다 가진 것처럼 행복했던 시절이 있었지만, 어느새 아이에게 바라는 것이 하나둘 늘어나고 있다.

하지만 변하지 않는 사실이 있다. 내가 기대하는 모습을 아이가 보여주고 행복하게 웃기를 바란다면, 먼저 '배'를 채워줘야 한다. 여기서 '배가 부르다'는 것은 단순한 포만감을 넘어 마음의 만족과 충만함을 의미한다.

어른도 이와 다르지 않다. 내가 기분이 좋고 편안할 때는 선뜻 남에게 양보하고 도움의 손길을 내밀게 된다. 반면 기분이 좋지 않을 때는 남편이 분위기를 살피며 "우리 나갈까? 맛있는 것 사줄게"라고 해도 "말 걸지 마", "혼자 있고 싶어"와 같이 평소와 다르게 차갑게 반응하게 된다.

우리는 상대가 나를 위로해 주려고 한다는 걸 알면서도 왜 이렇게 반응을 할까? 그 이유는 내가 지금 불만족스러운 상태이기 때문이다. 마음이 상해 있는 상태에서는 아무리 좋은 말이라도 귀에 들어오지 않고 오히려 거부감이 들기 쉽다. 이런 상황에서 상대가 나에게 내키지 않는 일을 요청한다면 그 자체가 무리한 부탁처럼 느껴질 수 있다.

마찬가지로 부모가 원하는 모습을 기대하기 전에 아이가 충분히 만족감을 느끼고 있는지 먼저 살펴야 한다. 학원에 갔다가 집에 들어온 아이에게 "이제 샤워하고 잘 준비하자"라고 했을 때 아이는 "지금은 하기 싫어요. 이따가 할게요"라고 말할 수 있다. 아이는 샤워를 하고 자야 된다는 걸 알고 있지만, 피곤하다면 부모의 지시를 미루거나 거부하게 된다. 아이는 지금 하기 싫은 것이지, 샤워 자체가 잘못된 것이라고 생각하는 것은 아니다.

아이가 스스로 숙제를 하려고 책상에 앉았을 때도 마찬가지다. 방문 너머로 "숙제 언제 할 거야? 빨리 해"라는 엄마의 목소리가 들리면 아이는 '맞아, 지금 마침 공부하려고 했어. 열심히 해야지'라고 생각할까 아니면 '공부하려고 했는데, 엄마 때문에 기분이 상해서 하기 싫다'고 생각할까? 대부분 후자일 가능성이 높다.

그렇다면 왜 아이는 자신을 위해 해주는 말임에도 불구하고 부모의 말을 미루거나 듣지 않는 걸까? 그것은 기분이 좋지 않거나 현재 상태가 불만족스럽기 때문이다.

아이가 뿌듯한 얼굴로 "엄마, 이거 봐. 잘했지?" 하고 달려오거나, 애교 섞인 목소리로 "엄마, 내가 뭐 도와줄까?"라고 말했던 순간을 떠올려보자. 그날은 어떤 날이었을까? 아마도 아이가 기분 좋았던 날이었을 것이다. 놀이터에서 실컷 놀았거나, 인형놀이를 마음껏 즐겼거나, 칭찬을 받아 자신감이 충만했던 날이 아니었을까?

아이가 만족감을 느끼고 기분이 좋으면, 부모가 기대하는 행동이나 말을 먼저 할 가능성이 높다. 세상에서 가장 싫은 공부도, 일상에서 만족감을 느끼고 마음이 편안하다면 아이가 자발적으로 시작할 수 있다. 여기서 중요한 것은 아이마다 만족감을 느끼는 방식이 다르다는 점이다.

예를 들어 애정욕구가 많은 아이는 부모와 시간을 충분히 보내는 것이 필요할 수 있다. 특히 애정욕구가 크면서 활동성이 높은 아이는 부모와 함께 신나게 놀아야 만족감을 느낀다.

외향적인 아이는 야외 활동을 통해 즐거움을 얻는 반면, 내향적인 아이는 탐색 활동을 더 선호한다. 하지만 내향적인 아이들 사이에서도 차이가 있다. 어떤 아이는 상상의 나래를 펼치며 이야기 나누는 시간을 즐기고, 또 다른 아이는 자신이 원하는 책을 읽으며 만족감을 느낀다.

이처럼 아이마다 원하는 것과 만족을 느끼는 방법이 다르기 때문에 아이의 기질과 성격에 맞는 놀이, 휴식 방법, 공부법을 찾아야 한다. 이에 대한 자세한 내용은 2장에서 다룬다. 기질에 따른 맞춤형 접근 방식은 아이가 가장 편안하고 효과적으로 성장할 수 있는 길이 될 것이다.

아이의 기질에 따라 만족감을 느끼는 방식은 다르지만 공통점은 '기분이 좋아야 한다'는 것이다. 아이의 기분을 좋게 하는 첫 번째 요소는 부모의 사랑이다. 아이의 만족감을 높이고 싶다면 부모가 먼저 사랑과 관심을 아낌없이 주자.

공부는
식은 죽 먹기보다 쉽다

아이들의 심리 상태를 알아보기 위한 다양한 검사 중 하나인 문장완성검사를 소개한다. 이 검사는 주어진 문장을 완성하는 방식으로 아이의 내면에 숨겨진 감정과 생각을 끌어낼 수 있게 해준다.

나는 공부가 _____.

많은 아이들이 빈칸에 들어갈 말을 다음과 같이 작성한다.

나는 공부가 어렵다.

나는 공부가 세상에서 제일 싫다.
나는 공부가 싫지 않지만 못하면 엄마한테 혼날까 봐 걱정된다.

우리 아이가 위와 같이 작성한다면 속상하거나 안타까운 마음이 들 수 있다. 반면 아이가 다음과 같이 작성한다면 부모로서 기분이 좋고 뿌듯할 것이다.

나는 공부가 새로운 것을 알아가는 거라고 생각한다.
나는 공부가 즐겁다.
나는 공부가 재미있고 잘해서 칭찬도 받는다.

아이가 공부에 흥미를 느끼게 하려면 어떻게 해야 할까? '공부는 식은 죽 먹기보다 쉽다'는 인식을 갖게 하는 것이 중요하다. 학습에 대한 긍정적인 태도를 형성하는 방법에 대해 알아보자.

첫째, 공부를 만만하게 볼 수 있도록 해주자.
아이의 수준을 파악한 후, 아이가 느끼기에 조금 쉬운 수준에서 시작하자. 배우고 익히는 과정을 좋아하게 만들기 위해서는 공부가 쉽게 느껴져야 한다. 처음부터 어려운 것을 시도하면, 아이는 공부를 어렵고 부담스러운 것으로 여기게 된다. 예를 들어 이제 막

한글을 떼고 글 읽기를 시작한 아이에게 글밥이 많은 책을 건네 읽게 하면 금세 지치고 흥미를 잃게 될 것이다.

반면 글과 그림이 적절히 섞여 있고, 그림만 보아도 내용을 유추할 수 있는 책이라면 어떨까? 아이가 그림을 보며 글의 뜻을 자연스럽게 이해하고 맞췄다는 뿌듯함을 느낀다면 독서가 즐거워지고 더 많은 책을 읽고 싶어질 것이다.

어려운 글자가 많아 힘들게 읽고 있는데 엄마가 계속 지적하고 고쳐주면, 다 읽고 나서도 아이는 스스로 한 것이 아니라 엄마가 대신해준 것처럼 느낄 수 있다. 이런 일이 계속되면 아이는 글 읽는 게 싫어지고, 엄마가 읽어보라고 할 때 망설이거나 거부할 가능성이 높아진다.

아이의 발달은 계단을 오르듯 단계적으로 이루어진다. 아이는 태어난 후 고개를 가누고, 뒤집기를 하고, 기어다니다가 앉고, 서고, 걷는 과정을 거쳐야 비로소 뛸 수 있게 된다. 이러한 발달 과정을 누구나 알고 있기 때문에 기다려주고 지켜보며 응원한다.

공부 단계도 이와 다르지 않다. 물론, 이제 막 앉을 수 있는 아이를 억지로 일으켜 세워 서게 할 수 있다. 하지만 이것은 진정한 성장이 아니다.

스스로 해내고 자신감을 얻어 더 하고 싶어지도록 만들면 그 경험은 온전히 아이의 것이 된다. 한글을 읽기 시작했다고 바로 쓰게 하거나 받아쓰기를 시키기보다, 읽고 싶은 마음을 키워주고 읽는 즐거움을 만끽하게 하는 것이 먼저다.

아이가 칭찬받고 재미를 느끼며 자신감을 얻게 되면 스스로 책을 찾아 읽고 반복 학습을 한다. 그 과정에서 글의 뜻을 점점 더 깊이 이해하게 되고, 글을 쓰고 싶은 마음도 저절로 생긴다. 또한 비슷한 글자들의 차이를 구별할 수 있게 되면서 실수도 점차 줄어들게 된다.

공부는 억지로 시키기보다 놀이처럼 재미있게 접근할 때 더 효과적이다.

둘째, 적절한 양의 과제를 내주어 성취감을 느끼게 하자.

쉬운 과제도 양이 지나치게 많아지면 아이에게 부담스럽고 어려운 일이 되어버린다. '쉽다, 할 수 있겠다'고 생각하며 시작했던 것도 '이걸 언제 다 해?'로 바뀌면 쉬운 것조차 포기하게 된다.

앞서 아이가 기분이 좋을 때는 싫어하는 일도 더 잘할 수 있다고 설명했다. 쉬운 일을 빨리 끝내면 아이는 '내가 해냈다'는 성취감을 느낀다. 엄마에게 "다 했어요. 이것 보세요!"라고 자랑하며 기분이 좋아지고 '더 해볼까?'라는 의욕으로 이어진다. 이처럼 도전하면서 성취감을 느끼면, 그 성취감이 다시 동기 부여가 되어 선순환이 시작된다.

하지만 쉬운 과제를 지나치게 많이 주거나 너무 어려운 과제를 내면, 아이는 도전하고 싶은 마음이 사라지고 성취감을 느낄 기회도 줄어든다.

부모의 말에 순응하는 아이도 있고, 반대로 거부하는 아이도 있다. 하지만 순응하는 아이라도 부모가 언제까지나 할 일을 지시하고 확인할 수는 없다. 억지로 시킨 공부는 마치 모래성과 같다. 이제 막 기어다니는 아이를 무리하게 세우면 손을 놓는 순간 주저앉는 것처럼 강제로 시킨 공부는 작은 실패나 좌절에도 쉽게 무너지게 된다.

셋째, 공부 시간이 끝나면 완전한 자유 시간을 주자.

기초공사가 탄탄하면 어려운 상황이 닥쳐도 흔들리거나 포기하지 않게 된다. 공부도 마찬가지다. 기초가 잘 다져져 있으면 학습이 수월해지고 쉽게 지치지 않는다.

쉬운 과제를 짧은 시간 내에 끝내는 연습을 꾸준히 하면 학습 효율이 높아져 오랜 시간 억지로 했던 공부량도 빠르게 따라잡을 수 있다. 반면 억지로 한 공부는 시간이 지날수록 형식적으로 하게 되고, 결국 지쳐 포기하게 된다.

예를 들어 아이가 '빨리 하고 놀아야지!' 생각하며 순식간에 과제를 끝냈다. 부모는 "이것 봐, 이렇게 잘할 수 있잖아. 최고다!"라고 아낌없이 칭찬한다. 그리고 기분이 좋아 보이는 아이에게 "오늘 조금 더 해볼까? 할 수 있겠다"라고 하면서 추가로 과제를 내주는 실수를 한다. 아이의 기분이 좋다는 것이 과제를 더 하고 싶다는 뜻은 아니다. 부모의 착각일 뿐, 아이는 실제로 동의하지 않았다.

이때는 칭찬을 해주고, 더 이상 과제는 시키지 말아야 한다. 그 순간 과제를 더 시키면 아이는 최선을 다해 과제를 끝낸 이유와 그 결과로 누려야 할 행복을 빼앗기게 된다.

또한 아이의 자율성을 저하시킬 위험이 있다. 아이는 더 이상 최선을 다해 빨리 끝낼 이유가 없어졌다. 빨리 끝내면 또 다른 과제가 기다리고 있기 때문이다.

아이의 발달 과정을 지켜보며 기뻐하고 흐뭇한 마음으로 기다렸던 것처럼 공부에서도 한 단계씩 성장하는 아이를 기다려줘야 한다. 아이가 각 단계를 온전히 즐길 수 있도록 도와주고, 그 기쁨을 함께 나누자. 이렇게 이끌어줄 때 아이는 자연스럽게 다음 단계로 나아갈 수 있다.

성적은 행복순이다

"행복은 성적순이 아니잖아요!"

이 문장 마지막은 조용히 마침표를 찍기보다는 느낌표로 외쳐야 할 것만 같다. 반항심 가득한 사춘기가 아니더라도 한번쯤은 외치고 싶은 말이다.

요즘 시대가 많이 바뀌었다고 하지만, 여전히 많은 부모들은 명문대를 졸업해 좋은 곳에 취직하기를 희망한다. 자식이 경제적으로 안정적이고, 편안한 삶을 누리기를 바라기 때문이다.

하지만 좋은 대학을 졸업해 좋은 직장에 들어가고, 돈을 많이 벌면 과연 행복해질 수 있을까? 좋은 대학은 어떤 대학을 의미하고, 좋은 직장은 어떤 곳일까? 또 돈을 얼마나 벌어야 '잘' 번다고 할 수 있을까? 진정한 행복은 무엇으로, 어떻게 느끼는 걸까?

혹시 우리 아이는 지금 이 순간이 가장 행복하지 않을까? 아이에게 가장 불행한 순간을 물어보면 "엄마가 공부하라고 할 때요!"라고 대답할 수도 있다. 공부만 안 시키면 행복한 아이에게 우리는 지금 말고 나중에 행복하라고 말하고 있는 것은 아닐까?

우리에게도 어린 시절이 있었다. 초등학생 때 가장 행복했던 순간을 떠올려보자. 열심히 공부해서 100점 시험지를 들고 엄마에게 달려가 자랑할 때, 상장을 받고 친구들 앞에서 으쓱했던 경험은 분명 행복했다. 그러나 더 오래 기억에 남는 순간은 문방구에 가서 불량식품을 골라 사 먹던 때, 친구들과 놀이터에서 뛰어놀고 웃으며 떠들던 순간, 생일날 원하던 선물을 받아 기뻐했던 때가 아닐까?

중고등 시절에 행복했던 기억은 좋아하는 연예인에 대해 이야기할 때, 좋아하는 음악을 들으며 시간을 보낼 때, 야간자율학습이나 학원에서 몰래 빠져나와 친구들과 놀 때가 아닐까?

마찬가지로 우리 아이가 보내는 이 시절의 행복은 지나고 나면 다시 찾아오지 않는다. 그때만 느낄 수 있는 소중한 감정을 놓친다면 평생 그 감정을 다시 경험할 수 없을 것이다.

아이가 행복하면 자연스럽게 성적도 잘 나온다. 그러나 만약 아이가 행복해 보이지만 성적이 좋지 않다면 어떻게 해야 할까? 너무 속상해하거나 조급해하지 말자. 아이의 성장에는 시간이 필요하다.

우리가 진정 바라는 것은 아이의 행복이 아닌가? 내가 어릴 적 느꼈던 소소한 행복과 다시는 느낄 수 없는 기분을 아이는 충분히 만끽하고 있지 않은가? 이 아이가 앞으로 어떤 사람이 될지, 어떤 삶을 살게 될지 아무도 알 수 없다. 하지만 지금 행복한 기억이 많은 아이는 앞으로도 계속 행복하게 살아갈 것이다.

옆집 아이가 만약 공부도 잘하고 행복해 보인다면 부러울 수 있다. 그러나 공부는 잘해도 불행하다면 그 아이의 미래는 어떻게 될지 알 수 없다. 이 말을 잊지 말자.

인생의 성적은 행복순이다!

2장

기질별 학습으로
자신감 키우기

아이 기질의
비밀을 푸는 열쇠 I

 우리는 사회적 관계에서 타인과 차이를 인정하고 이해하려 노력하지만, 가정에서는 가족이라는 이유로 자신을 이해해 주기를 바란다. 이런 바람은 인정과 이해를 넘어서 실망, 서운함 나아가 미움으로 변할 수 있다. 타인에게는 숨기는 감정을 가족에게 여과 없이 표출하여 서로 상처를 남기는 경우도 많다.
 이러한 갈등은 각자의 기질과 성격 차이에서 비롯된다. 부모도 아이의 엄마, 아빠 이전에 아내와 남편이고, 한 가정을 이루기 전부터 현재까지도 부모님의 자식이다. 각자 다른 기질과 성격을 가진 사람들이 만나 가정을 만들고, 그 가정에서 또 다른 기질과 성격을 가진 아이가 태어났다.

아이를 이해하려면 먼저 나를 알아야 한다. 자신을 알게 되면 배우자와 아이를 이해하기 쉬워지고, 함께 살아가는 데 도움이 된다.

만약 지금 아이와 갈등을 겪고 있거나, 자신과 아이가 너무 달라서 힘들거나, 나와 똑같은 모습을 보여서 견디기 힘들다면 먼저 나 자신을 돌아보자. 그렇게 하면 나와 다른 아이를 이해하고, 우리 가족을 더 잘 이해할 수 있다. 타인을 이해하려는 노력을 조금만 가족을 위해 기울이면 된다.

자신을 돌아본 뒤에는 남편과 부모님을 떠올려보자. 어쩌면 나는 타고난 기질을 잊고 환경에 따라 변화된 모습으로 살아가고 있을지도 모른다. 나의 타고난 기질은 어떠했을지, 내 장점과 능력은 무엇이었는지 생각해보자.

또 내가 좋아했던 남편의 모습이 본래 타고난 모습인지, 지금도 여전히 그 모습이 좋은지 혹은 싫은지 생각해보자. 부모님의 좋았던 점은 무엇이고, 싫었던 점은 없는지 돌아보자. 그리고 내 주관적인 기준으로 아이의 어떤 면을 좋거나 싫다고 해석하고 있는 건 아닌지 점검해보자.

이렇게 나와 내 주변 사람들의 기질을 돌아본 후, 아이에 대해서도 같은 시각으로 생각해보자. 아이를 보면서 자연스럽게 떠오르는 감정은 무엇인가? 아이를 보면서 나도 모르게 생기는 기대와 실망 그리고 걱정은 어디서 비롯되는 걸까?

'똑똑한 것 같은데 왜 공부를 안 할까?'

'조금만 더 노력하면 훨씬 잘할 수 있을 텐데….'

'왜 이렇게 느리고 어설프지?'

'남편(아내)을 꼭 닮았네.'

'나를 닮으면 힘들 텐데….'

'어쩌면 이렇게 나와 다를까?'

기질은 태어날 때부터 지닌 성질로 각 개인이 가지고 있는 특성이다. 다음 소개할 9가지 기질 특성은 타고난 것으로 강하거나 약하게 나타날 수 있다. 어떤 특성이 강하다고 해서 반드시 좋은 것은 아니며, 약하다고 해서 나쁜 것만도 아니다. 또 한 가지 기질 특성만 갖고 있는 것이 아니라, 여러 기질이 복합적으로 나타난다.

중요한 점은 나와 아이 그리고 우리 가족의 기질을 알고 이해하는 것이다. 기질을 분류하는 방법은 여러 가지가 있지만, 여기서는 가장 널리 알려진 아동발달심리학자 알렉산더 토머스(Alexander Thomas)와 스텔라 체스(Stella Chess)의 분류법을 기준으로 설명했다.

활동성

활동성이 있다와 없다를 구분할 때 에너지의 양을 기준으로 삼을 수 있다.

'활동적이다 - 정적이다.'

'에너지가 많다 - 쉽게 지친다.'

에너지가 많으면 아이는 끊임없이 활동하며 쉽게 지치지 않으므로 활동성이 높다. 반면, 활동성이 낮은 아이는 에너지가 적고 쉽게 지친다. 이 경우 에너지가 회복될 수 있도록 더 자주 휴식을 취하거나 충전이 필요하다. 아이의 활동 정도를 보면 에너지의 양을 쉽게 파악할 수 있다.

활동성은 에너지의 양뿐만 아니라 방향에 따라서도 구분할 수 있다. 에너지를 외부로 발산하며 활동하는 사람은 외향적인 사람이다. 이들은 에너지를 쏟아내는 듯하지만, 그 과정에서 오히려 에너지를 얻는다.

외향적인 사람은 에너지를 밖으로 쏟아야 충전이 된다. 사람들을 만나서 대화를 나누거나 운동을 하거나 외부 활동을 해야 기운을 얻는다. 외향적 성향을 가진 남편을 보면 매일 일하고 돌아오면 힘들다고 이야기하면서도 회식이 잡히면 누구보다 신나게 즐긴다. 주말에도 쉬지 않고 새벽부터 조기축구를 가거나 등산을 나간다. 이런 성향의 남편은 같은 성향의 아이와 놀 때 신체 놀이로 체력을 소모시켜주며, 지치지 않고 신나게 놀아줄 수 있다.

외향적인 성향을 가진 엄마들도 일하고 아이를 양육하며 집안일을 돌보느라 지쳐 있지만, 1시간이라도 나가서 운동을 하거나 모임에 참석해 엄마들과 쉼 없이 이야기를 나누어야 에너지가 충전된다. 아이와 놀 때도 집이 답답하고 할 일이 없다는 느낌이 들어 밖에 나가서 놀아야 하는 성향이 외향적인 엄마들이다.

반대로 내향적인 사람은 자신에게 집중해야 에너지가 충전이 된다. 멍하니 앉아서 창밖을 보거나, 음악을 듣거나, 책을 읽거나 아니면 잠을 충분히 자는 것만으로 에너지가 회복된다. 내향적인 성향의 남편은 주말에 아이와 함께 놀아주기보다 혼자 방에 들어가 조용히 있는다. 아이를 보라고 하면 누워서 한 공간에만 있다.

내향적인 성향을 가진 엄마는 아이가 놀아달라고 하면 책을 보거나, 인형놀이를 하거나, 병원놀이를 하자고 제안해 아이에게 의사 역할을 맡기고 자신은 환자 역할을 하면서 누워 주사만 맞는다.

어쩌다 다른 엄마들과 만나거나 아이들을 집으로 초대하면 힘들어져서 진이 빠진다. 아이와 둘이 조용히 그림을 그리거나 색종이를 접을 때, 가족이 없는 텅 빈 집에서 커피를 마실 때, 멍하니 있을 때, 침대에 누워 잘 때가 가장 행복하다.

아이도 마찬가지다. 외향적인 성향, 특히 에너지가 넘치는 아이는 낮잠을 자라고 해도 잘 수 없다. 에너지를 충전하려면 뛰어놀아야 하기 때문에 가만히 앉아 있게 하면 말이라도 쏟아내려고 한다.

반면 내향적인 아이는 탐구하고 탐색하는 활동을 즐긴다. 그래서 친구들과 함께 밖에서 뛰어놀기보다는 엄마와 단둘이 있거나 친한 단짝 친구와 조용히 시간을 보내는 것을 더 좋아한다.

부모와 아이의 성향이 비슷하다면, 특히 주 양육자와 아이가 비슷한 성향이라면 놀이시간이 서로에게 만족스럽고 편안하게 느껴진다. 함께 좋아하는 놀이를 하며 부모는 아이와 충분히 놀아준 것 같고, 아이는 부모가 자신이 좋아하는 놀이를 함께해 주었다는 만족감을 느낀다.

그러나 주 양육자와 아이의 성향이 반대라면 어려움이 따를 수밖에 없다. 특히 엄마가 내향적이고 쉽게 에너지가 소진되는 반면, 아이가 외향적이고 활동적이라면 상황은 더욱 힘들어질 수 있다. 엄마는 최선을 다해 놀아주었지만, 아이는 끝없이 더 놀아달라고 요구할 것이다. 정적인 놀이는 잠시뿐이고, 곧 활동적인 놀이로 넘어가 반복을 원할 가능성이 크다.

부모의 성향이 아이와 다른 경우 어떻게 함께 놀아야 할까? 가장 간단한 방법은 아이와 비슷한 활동성을 가진 양육자가 놀이에 참여하는 것이다.

그러나 만약 부모의 성향이 아이와 반대라면 어떻게 해야 할까? 부모가 아이의 성향에 맞춰 놀아주는 것이 아이의 만족감을 위해 최선이지만 현실적으로 한계가 있다. 이러한 경우에는 아이의 에너지를 충전할 수 있는 활동 프로그램을 찾아주자. 가정에서 진행되는 프로그램이든, 야외에서 즐길 수 있는 운동이든 아니면 다양한 탐구와 탐색 활동이든 아이의 성향에 맞는 활동을 찾아주는 것이 핵심이다.

부모와 함께하는 활동이 아니더라도 아이가 자신의 성향에 맞는 놀이를 통해 충분히 만족감을 느낄 수 있는 시간이 필요하다. 아이가 이런 활동으로 에너지를 충전한 후, 부모가 짧게라도 아이와 함께 시간을 보내며 비슷한 만족감을 줄 수 있다면 더욱 이상적이다. 중요한 것은 아이의 성향을 존중하면서, 부모와 아이 모두가 부담 없이 즐길 수 있는 놀이 방식을 찾는 것이다.

규칙성

규칙은 여러 사람이 함께 지키기로 정한 약속이나 법칙이다. 규칙성이 높은 사람은 이를 당연히 지켜야 할 것으로 여기며, 실천하려고 노력한다. 이러한 성향의 사람들은 순응적인 성향을 가졌다고 볼 수 있다.

규칙성이 높은 성향의 아이는 부모의 말을 따르고, 선생님의 지시에 순응하며, 유치원, 학교, 학원, 직장 등 각 기관이 정한 기준을 자연스럽게 받아들인다. 학생은 공부를 하고, 직장인은 일을 하며, 적당한 시기에 결혼하고 자녀를 낳아 양육하는 것을 삶의 바람직한 모습으로 여긴다. 이들은 대체로 어릴 때부터 바른 생활을 하고, 청소년기나 성인기에도 도덕적이고 윤리적인 것을 편안하게 받아들인다.

장점은 관습적 안정성이 높다는 점이다. 이들은 정해진 틀에 맞춰 행동하고 자기 절제가 잘 되며 충동적이지 않다. 규칙과 질서 지키기를 선호하기 때문에 사회적으로 안정적인 환경을 유지하는 데 기여한다.

하지만 이러한 성향으로 인해 규칙과 기준에서 벗어난 사람들 또는 다소 비도덕적이고 비윤리적인 사람들을 이해하는 데 어려움을 겪을 수 있다. 또한 사고가 경직되어 유연성이 부족할 수 있다는 단점이 있다. 자신만의 확고한 기준에 따라 세상을 바라보기 때문에 다양한 사고방식이나 행동을 이해하는 데 한계를 느낄 수 있다.

반대로 규칙성이 낮은 성향의 사람들은 자유로움이 더 높다. 정해진 틀보다는 그때그때의 상황과 감정에 따라 행동하는 것이 더 편하다. 장점으로는 사고가 유연해 예상치 못한 문제 상황에서도 빠르고 효과적으로 대처할 수 있다. 또한 다른 사람의 생각이나 행동을 받아들이는 데 있어 상대적으로 열린 마음을 가지고 있다. 그러나 단점으로는 자기중심적으로 보일 수 있고, 자신의 생각과 감정을 우선시하다 보니 때때로 충동적인 행동을 할 수 있다.

주의력

주의력은 여러 가지 자극 중에서 특정한 것에 집중하고, 지속할 수 있는 능력이다. 대부분 사람들은 자신이 관심 있는 주제 또는 좋아하는 상황에서 흥미를 가지고 오래 집중할 수 있다. 그중에서도 주의력이 높은 성향의 사람들은 자신이 하고 싶은 일이 있는 상황에서도 해야 할 일에 먼저 주의를 기울일 수 있다. 다양한 자극과 유혹 속에서도 해야 할 일을 우선순위로 삼고 끝까지 해내는 능력이 있다.

반면 주의력이 낮은 사람은 해야 할 일을 미루고, 자신이 흥미를 느끼는 일에 집중한다. 흥미 없는 일이나 어려운 일이 주어지면 다른 흥미로운 일에 빠져 산만해 보일 수 있다.

학교에서 아이들은 선생님의 말씀, 친구들의 대화 소리, 밖에서 들리는 노랫소리 등 다양한 자극에 노출된다. 수업 중 가장 우선적으로 선택해야 할 것은 선생님의 이야기다. 만약 아이가 이를 선택하고 지속적으로 집중할 수 있다면 주의력이 높은 성향의 아이다. 주의력이 높으면 선생님의 지시사항을 잘 따르고 해야 할 일을 우선적으로 처리할 수 있다.

반면 주의력이 낮은 아이는 선생님의 말씀보다 친구들의 대화에 귀를 기울이거나, 밖에서 들리는 노랫소리를 흥얼거리며 집중력을 잃을 수 있다. 이런 아이들은 주변의 시끄러운 소리나 자극에 쉽게 영향을 받을 수 있다.

주의력이 높은 아이는 낮은 아이와 동일한 시간 동안 학습을 했을 때 중요한 내용을 잘 기억하고 습득하는 능력이 뛰어나 학습 효율성이 높다. 반면 주의력이 낮은 아이는 같은 시간 동안 학습하더라도 핵심을 놓칠 가능성이 커 학습 효율성이 떨어질 수 있다.

주의력이 낮은 성향의 아이들은 그 원인을 찾아내야 한다. ADHD와 같은 질병이 원인이라면 해결하기 위한 적절한 조치가 필요하다. 주의력이 낮은 아이는 부모를 비롯해 외부 환경이나 타인으로부터 많은 지적과 비난을 받을 수 있다. 이러한 부정적인 피드백은 주의력 결핍을 더욱 악화시킬 뿐만 아니라, 심리적인 문제를 일으킬 수 있다.

지속성

지속성이 높은 성향의 사람은 무엇이든 오래 계속할 수 있는 힘을 가지고 있다. 이런 사람은 한 가지 일에 몰두하면 끝까지 해내는 성향을 보인다. 예를 들면 좋아하는 책을 한 권 다 읽거나, 드라마를 한꺼번에 몰아서 보거나, 블록을 몇 시간 동안 맞춘다. 이들의 장점은 흥미롭고 좋아하는 일을 꾸준히 할 수 있다는 점이다. 보통 좋아하는 일은 계속하고 싶은 마음이 크기 때문에 쉽게 유지할 수 있다. 반면 지속성이 낮은 사람들은 좋아하는 일을 할 때도 몰입하는 시간이 짧은 경우가 많다.

지속성이 높은 성향은 고집으로 나타나기도 한다. 예를 들어 과자를 다 먹고 더 달라고 고집을 부리거나, 이제 그만 놀고 집에 가자고 해도 가지 않겠다고 거부하며 떼를 쓸 수 있다. 또 자신이 원하는 것을 보면 쉽게 지나치지 못하고 집착하는 면도 있다.

지속성이 낮은 성향의 사람들은 주의력도 낮을 가능성이 높다. 그러나 실망하기에는 이르다. 지속성과 주의력이 낮은 성향이어도 사회적 민감성이 높으면 타인의 시선과 평가에 민감하게 반응할 수 있다. 이 경우, 다른 사람들의 평가가 신경 쓰여서 최선을 다한다.

예를 들어 학교에서 선생님의 좋은 평가를 받거나 친구들에게 잘 보이기 위해 하기 싫은 숙제를 성실하게 할 수 있다. 특히 청소년기에는 좋아하는 이성 친구의 영향을 받아 공부를 열심히 하는 경우도 있다. 이런 성향의 아이들은 지속성, 주의력이 낮더라도 대인관계에서 영향을 많이 받아 자신의 잠재력을 발휘한다.

적응성

적응성은 외부 조건이나 환경에 잘 적응하고 자신을 효과적으로 조절하는 능력을 의미한다. 우리가 흔히 말하는 '무던한 사람'은 환경에 유연하게 적응하고 변화에 민감하지 않으며, 성격이 너그럽고 수더분한 사람을 의미한다.

자기 조절을 잘하려면 몇 가지 조건이 필요하다. 먼저, 민감도가 낮은 사람이 높은 사람보다는 더 쉽게 적응할 수 있다. 타인의 접근을 위협적으로 느끼지 않고 거부하지 않으며 자연스럽게 받아들일 수 있어야 한다. 또한 평소 기분이 좋을 때 자기 조절이 더 잘된다. 기분이 나쁠 때보다는 기분이 좋을 때 마음의 여유가 생기기 때문이다. 즉, 민감도가 낮고, 사람들이 쉽게 다가올 수 있으며, 기분이 좋은 상태일 때 불안이 낮다.

반면 수줍음이 많거나, 불확실한 상황에 대한 두려움이 크면 적응하기 어려울 수 있다. 실제로 일어나지 않을 일에 대해 미리 걱정하고 염려하는 예기 불안이 큰 경우도 마찬가지다. 적응성이 떨어지는 경우에는 불안을 유발하는 원인들을 제거하거나 해결해야만 적응 능력을 키울 수 있다.

적응성이 낮은 경우뿐만 아니라 '규칙성이 높은 성향, 주의력이 낮은 성향, 지속성이 낮은 성향, 자극 민감성이 높은 성향, 접근성이 낮은 성향, 반응 강도가 높거나 낮은 성향, 기분의 질이 낮은 성향 등도 불안도가 높다.

규칙성이 높은 성향은 자신의 기준이나 틀에 맞지 않을 때, 주의력이 낮은 성향은 자신이 하고 싶은 일을 선택하고 부정적 피드백을 받을 때 불안이 커진다. 지속성이 낮은 성향은 좋아하는 일을 끝까지 성취하지 못했을 때 불안을 느끼고, 자극 민감성이 높은 성향은 일상적인 자극도 위협적으로 느껴 불안에 취약하다. 접근성이 낮은 성향은 모든 활동에 수동적이어서 자기 만족감이 떨어진다.

반응 강도가 높은 성향은 갑작스러운 반응으로 타인에게 부정적인 피드백을 받을 가능성이 높고, 반응 강도가 낮은 성향은 문제 상황이나 대인관계를 회피하면서 고립되기 쉬워 불안을 자주 경험한다. 기분의 질이 낮은 성향은 타인에 대한 기대감이 낮고 긍정적인 반응을 얻기 어려워 불안을 자주 경험한다. 각 성향에 따라 불안의 이유가 다르기 때문에 여기에 맞는 해결책이 필요하다.

접근성

환경, 사람, 새로운 것들에 쉽게 관심을 가지면 접근성이 높은 성향이라고 할 수 있고, 반대로 모든 것에 관심이 덜하거나 회피한다면 접근성이 낮은 성향이라고 할 수 있다.

접근성이 높은 성향의 사람은 낯선 장소에서도 빠르게 환경을 파악하고 탐색하여 쉽게 적응하고, 낯선 사람을 만나도 일단 이야기를 나누어본다.

접근성이 높은 성향의 아이는 적응이 빠르다는 장점이 있지만 주의해야 할 점도 있다. 상황과 분위기를 파악하고 상대의 마음을 이해하는 능력을 길러야 한다. 무턱대고 아무에게나 다가가다 보면 상대의 감정을 배려하지 못해 상처를 주거나, 상황에 맞지 않는 행동으로 분위기를 흐릴 수 있기 때문이다. 따라서 세상에는 나와 다른 감정을 가진 사람과 내가 미처 생각하지 못한 상황들이 있다는 점을 알려주고 이해하는 태도를 기르도록 도와주어야 한다.

반대로 접근성이 낮은 성향의 사람은 새로운 환경과 사람을 경계하며, 상황이나 과정을 충분히 파악한 후에 접근하려고 한다. 혼자 새로운 것에 접근하기보다는 믿을 수 있는 사람과 함께할 때 더 편안함을 느끼는 경향이 있다.

접근성이 낮은 성향의 아이는 새로운 환경에 쉽게 적응하지 못하고, 모든 것을 엄마와 함께하려는 경향이 있다. 자신을 보호하기 위해 엄마를 방패막이로 삼기 때문에 적응 시간이 길어질 수밖에 없다. 적응하는 시간이 길어지면 새로운 활동을 경험하거나 즐거운 시간을 보낼 기회가 줄어들 수 있으므로 빠르게 환경을 파악하고 적응할 수 있게 도와주어야 한다.

예를 들어 입학해서 적응하기 어려워할 것 같다면 미리 학교를 함께 둘러보고 운동장을 걸어보며 새로운 환경에 조금씩 익숙해질 수 있게 해주자. 교실에서는 어떤 일이 있을지, 운동장에서는 어떤 재미있는 활동을 할 수 있을지, 화장실에서 어떤 상황이 벌어질 수 있을지 등을 아이 눈높이에 맞춰 편안하게 이야기해준다. 이렇게 미리 생각해본 일이 실제 상황에서 일어나면 아이는 보다 쉽게 적응하고 대처할 수 있다.

자극 민감성

신체적 자극 민감성이 높은 사람은 감각 자극에 예민하게 반응한다. 우리가 흔히 아는 5가지 감각, 즉 시각, 청각, 후각, 미각, 촉각뿐만 아니라 고유수용성 감각과 전정계 감각도 민감하다.

이들은 사소한 자극도 크게 받아들이기 때문에 불편하거나 두려움을 느낄 수 있다. 예를 들어 빛이 너무 밝아 눈을 뜨기 어려워할 수 있고, 다른 사람은 느끼지 못하는 냄새 때문에 특정 음식을 먹기 힘들어할 수 있다. 소음이 귀에 거슬려 혼자 잠들지 못하거나, 특정 색깔이나 질감을 보기만 해도 만지기 싫어할 수 있다. 누군가 가까이 다가오는 것조차 자신에게 무언가를 물을 것 같아 불편함을 느낄 수 있다.

팬티가 엉덩이에 끼는 느낌을 참지 못해 계속 빼달라고 하거나, 옷깃의 까슬까슬한 감촉을 견디지 못해 불편해할 수도 있다. 조금 높은 곳에서 아래를 내려다보면 떨어질 것 같고, 물속에서는 빠져

나오지 못할 것 같은 두려움을 느낄 수도 있다. 심지어 변기에 앉을 때도 변기 속으로 빨려 들어갈 것 같다며 겁을 내는 아이도 있다. 그래서 신체적 자극에 민감한 아이들은 양육 과정에서 까다롭게 느껴지는 순간이 많을 수 있다.

신체적 자극 민감성

 신체적 자극에 민감한 엄마가 같은 성향을 가진 아이를 키우면, 불편한 자극을 차단하려는 경향이 강해질 수 있다. 엄마는 보호하려는 마음에 자신도 예민하게 느끼는 자극으로부터 아이가 불편해할 만한 상황을 최대한 피하게 한다. 그 결과 아이는 불편함을 느낄 기회가 줄어들어 집에서는 비교적 순한 기질을 가진 것처럼 보일 수 있다. 그러나 엄마의 보호에서 벗어나 외부 환경의 자극에 노출되면, 아이의 민감성이 극대화되어 까다롭게 반응할 가능성이 높아진다.

 이럴 때 엄마는 아이가 순했는데 까다로워졌다고 느낄 수 있다. 또는 집에서는 순한 아이가 밖에서는 다르게 행동해 의아할 수도 있다. 기관에서 아이가 자주 울거나 싫어하는 것이 많다는 피드백을 받으면 아이를 이해할 수 없을 때도 있다.

 신체적 자극 민감성이 높은 아이는 평소 우리가 일반적으로 느끼는 감각들이 불편하고 위협적으로 느껴질 수 있다. 그래서 "싫어", "안 할래", "무서워"와 같은 부정적인 표현을 자주 사용하며 자신을 보호하려고 한다.

신체적 자극 민감성이 낮은 성향의 아이는 사소한 자극을 쉽게 무시하고, 다양한 것에 쉽게 접근한다. 호기심이 많은 아이가 신체적 자극 민감성도 낮으면 물 만난 물고기처럼 새로운 환경을 탐험할 수 있다.

그러나 신체적 자극 민감성이 지나치게 낮은 성향의 아이는 둔감하게 느껴질 수 있다. 엄마가 큰소리로 말하는 것을 가볍게 여기거나, 높은 곳에서 뛰어내릴 때 느끼는 공포도 거의 없으며, 부딪히는 자극이나 통증도 덜 느낄 수 있다. 이런 아이는 다른 사람들이 힘들어할 수 있는 소리나 위험한 활동도 아무렇지 않게 받아들인다. 아이의 과도한 활동은 주변 사람들의 오해를 불러일으킬 수 있으므로 적절한 절제와 통제가 필요하다.

신체적 자극 민감성이 매우 높아 자신이 허용한 범위 내에서만 자극을 즐기고 같은 활동과 놀이만 반복하거나, 신체적 자극 민감성이 매우 낮아 과도한 활동을 계속하는 경우에는 전문가의 상담이 필요하다.

환경적 자극 민감성

환경적 자극 민감성이 높은 사람은 낯선 장소나 사람에게 두려움을 느낄 수 있다. 낯선 사람을 만나면 수줍고, 예상치 못한 일이 생길까 봐 불안해하며, 새로운 환경에 대한 두려움이 있다. 이로 인해 자주 긴장하고 새로운 상황이나 사람을 경계하게 된다. 익숙한 길, 장소, 사람들 속에서 더 편안함을 느끼며, 도전보다는 안전을 선호한다. 또한 일어나지 않은 일에 대해서도 미리 걱정하거나 염려하는 경향이 있다.

환경적 자극 민감성이 높은 아이는 유아기부터 낯가림이 심할 수 있다. 자주 만났던 친척이나 할머니, 할아버지조차 가까이 오가는 것을 꺼려할 수 있다. 집을 가장 편안한 장소라고 여기며 외출을 싫어하고, 어디 가자고 하면 처음에는 가기 싫다고 말할 가능성이 높다.

자극 추구 성향이 강한 아이는 호기심이 많고 충동적이지만, 환경적 민감성이 높으면 원하는 것을 하지 못해 불만이 쌓여 화를 내기도 한다. 집에서는 활달하게 놀던 아이가 자기가 좋아하는 것이 가득한 새로운 곳에 가면 오히려 잘 놀지 못하고, 집에 돌아와 짜증을 부리며 화풀이를 할 수 있다.

신체적 민감성과 환경적 민감성이 모두 높은 아이는 사람들이 많이 모이고 시끄러운 장소를 더욱 싫어할 것이다. 그래서 돌잔치, 결혼식장, 비행기 안 등에서 더 힘들어할 수 있다. 부모가 반드시 참여해야 하는 학예회, 체육대회, 장기자랑 시간이 아이에게는 매우 견디기 힘든 시간이 될 수 있다.

반대로 환경적 자극 민감성이 낮은 아이는 낯선 사람과 환경의 영향을 덜 받아 적응이 수월하고, 자신이 원하는 만큼 활동할 수 있어 만족감이 높다. 보통 무던하고 둥글둥글한 성향의 아이가 이 범주에 속한다.

정서적 민감성

정서적 민감성이 높은 사람은 타인의 감정 변화에 민감하고, 자신의 감정도 타인의 영향을 쉽게 받는다. 상대의 표정, 말투, 억양까지 세심하게 살피고 신경 쓰는 경향이 있다.

정서적 민감성이 높은 아이는 부모의 표정, 말투, 억양을 잘 관찰해 변화를 쉽게 감지하고 반응한다. 엄마가 잠시 무표정을 지으면 화났는지 묻고, 엄마가 웃으면 함께 깔깔대며 즐거워한다. 부모가 조금만 언성을 높여도 싸웠다고 여기거나, 혼나는 것이 아니더라도 자신이 혼났다고 생각할 수 있다. 이처럼 아주 작은 감정 변화에도 민감하게 반응하기 때문에 아이의 감정 기복도 클 수 있다.

또한 가벼운 거절이나 비판에도 상처받기 쉬우며, 타인의 시선과 평가에도 민감하다. 누군가 나를 인정하면 매우 기뻐하고, 그 사람에게 인정받기 위해 더욱 노력한다. 그러나 만약 타인이 나를 인정해주지 않으면 크게 실망하고, 내 편이 아니라고 생각하며 그 사람의 말을 따르려고 하지 않을 수 있다.

정서적 민감성이 낮은 아이는 자신의 감정 변화에도 둔감하고, 타인의 감정에도 별 관심을 두지 않는다. 그래서 독립적이고 무뚝뚝하며 냉정하게 보일 수 있다.

정서적 민감성이 매우 낮으면 자신의 감정을 표현하는 것이 어렵고, 긍정적인 감정조차 표현하기 힘들어하며 부정적인 감정을 해소하는 데 어려움을 느낄 수 있다. 또한 주변 사람들은 정서적 민감성이 낮은 아이의 감정을 쉽게 알아차리지 못해 부모조차 아이의 의도를 이해하기 어려울 수 있다. 타인의 감정을 읽는 데 어려움이 있어 공감하기 어렵고, 감정을 주고받을 때 분위기를 파악하기 어려울 수 있다. 그래서 사람들과 거리를 두는 것이 더 편안하게 느껴질 수 있다.

정서적 민감성이 지나치게 낮아 부모의 반응에 관심이 없고, 타인의 반응을 이끌어 내려는 시도도 하지 않으며, 표정이 무미건조하고 상호작용보다는 혼자 노는 것을 선호한다면 전문가의 상담이 필요하다.

자극 민감성이 높은 아이는 까다롭고 예민하여 부모를 힘들게 할 수 있지만, 사소한 자극도 잘 보고 듣고 느끼기 때문에 관찰력이 좋다는 장점이 있다. 매우 섬세하고 꼼꼼하게 주변을 살피며,

그 경험들을 잘 기억하고 비교하거나 분류하는 능력이 뛰어나다. 이러한 능력은 학습적인 측면에서 강점이 되어 우수한 성과로 이어질 수 있다.

그러나 사회성 면에서 신경 써야 할 점이 있다. 자극 민감성이 높은 아이는 자신이 관찰하고 기억한 내용을 바탕으로 자신만의 기준과 틀을 만들 수 있다. 이것은 아이의 사고를 다소 경직되게 해 그 틀에서 벗어난 상황에서는 유연하게 생각하기 어렵게 만든다. 그래서 새로운 상황에서 당황하거나, 대처 방식이 미숙해 문제 해결 능력이 떨어질 수 있다.

또한 불안에 취약하고, 자신의 감정을 표현하고 해소하는 데 서툴 수 있다. 그래서 다른 사람의 마음을 읽거나 분위기 파악이 어려워 문제가 생겼을 때 대처가 힘들 수 있다.

따라서 아이에게 자신의 감정을 인식하고 표현하는 방법, 다른 사람의 마음을 알아차리고 공감하는 방법 그리고 상황에 맞게 말하고 행동할 수 있는 상호작용 기술을 가르쳐 주어야 한다.

반응 강도

누구에게나 기분 좋고 나쁜 일이 일어나며, 같은 경험이라도 사람마다 다르게 느낄 수 있다. 어떤 사람에게는 크게 다가오는 일이 다른 사람에게는 사소한 일로 여겨질 수도 있다. 감정을 느끼는 강도와는 별개로, 반응의 강도는 그 감정을 어떻게 표현하느냐에 따라 달라진다.

반응 강도가 높은 사람은 작은 일에도 강한 반응을 보인다. 쉽게 흥분하고 화를 내며, 좋은 일이 생기면 잘 웃고 박수를 치며 주변 사람과 적극적으로 소통한다. 그러나 사소한 일에 과하게 감정을 표현하면 타인에게 공격적이거나 충동적으로 보일 수 있으므로, 상황에 맞게 반응을 조절하는 것이 중요하다.

현대 사회는 타인의 시선과 평가에 민감하고 정보가 빠르게 공유되는 환경이기 때문에 아이가 공격성, 폭력성, 충동성을 보일 경우 조절하려는 노력이 더욱 필요하다. 다행히 반응 강도가 높은 아이는 감정이 쉽게 드러나 올바른 지도와 연습을 통해 비교적 빠르게 개선될 수 있다.

반면 반응 강도가 지나치게 낮은 아이는 생각과 감정을 드러내지 않아 마음을 알기 어렵다. 그래서 힘든 일이 있어도 부모가 알아채기 힘들 수 있다.

억압된 감정은 해소되지 않고 내면에 쌓여 우울이나 불안 등 심적 고통을 유발하며, 신체적 증상으로 나타날 수도 있다. 기분 좋은 일이든 나쁜 일이든, 감정을 자유롭게 표현하고 반응하는 것이 건강한 감정 해소를 위해 필요하다.

기분의 질

기분의 질이 높은 아이는 얼굴에 웃음이 가득하고, 작은 일에도 기쁘게 웃음을 터뜨린다. 반대로 기분의 질이 낮은 아이는 무뚝뚝하거나 차갑게 보일 수 있다.

기분의 질이 높은 아이는 주변 사람들이 쉽게 다가갈 수 있어 친근한 인상을 준다. 하지만 항상 기분이 좋은 것은 아니기 때문에 다른 사람들이 쉽게 다가오는 것이 아이에게 부담스러울 수 있다. 반대로 기분의 질이 낮은 아이는 타인이 아이의 기분을 알아차리기 힘들고, 다가가기 어려울 수 있다. 기분의 질이 낮다고 해서 타인에 대한 거부감이 있는 것은 아니지만, 표정과 말투로 인해 오해를 살 수 있다.

이상으로 9가지 기질적 성향을 살펴보았다. 앞서 말했듯이 각 성향이 높다고 해서 항상 좋은 것도, 낮다고 해서 나쁜 것도 아니다. 사람마다 고유한 기질적 특성이 있기 때문에 자신과 아이의 특성을 이해하는 것이 먼저다.

아이 기질의
비밀을 푸는 열쇠 II

앞서 설명한 9가지 기질(활동성, 규칙성, 주의력, 지속성, 적응성, 접근성, 자극 민감성, 반응 강도, 기분의 질)을 간단히 묶으면 크게 4가지 유형으로 나눠서 살펴볼 수 있다. 각 기질마다 서로 다른 특성과 행동 패턴이 있는데, 보다 쉽게 이해하고 분류할 수 있는 방법이다.

순한 기질

민감성이 낮고, 환경에 잘 적응하며 무던한 성향을 말한다. 기분의 질이 높고 자극에 적절히 반응하여 자신의 감정을 잘 표현할 수 있다. 순응적 기질을 가진 아이들은 양육의 결과라기보다는 타고난 성향에 따라 순하게 행동한다. 그러나 이들은 까다로운 아이들보다 표현이 적기 때문에 불편한 감정이나 필요한 것을 놓치기 쉽다.

특히 우울감이 높은 엄마가 순한 기질의 아이를 양육할 경우 세심하게 살펴봐야 한다. 우울감이 높은 엄마는 무기력해서 아이가 순하면 잘 놀고 있다 생각하고 상호작용을 놓칠 수 있다. 그래서 아이가 혼자 놀이에만 빠지지 않도록 주의가 필요하다. 반면 까다로운 기질의 아이는 감정을 자주 표현하기 때문에 부모가 상호작용을 놓치지 않게 된다.

순한 기질의 아이는 자신의 주장을 내세우기보다 타인의 입장에서 양보하고 배려하는 경향이 있다. 그래서 또래 관계에서 자신의 요구나 감정을 잘 표현하지 않고, 친구에게 맞추는 소극적인 태도를 보일 수 있다. 이런 방식은 타인에게는 편할 수 있지만 아이 자신은 힘들어질 수 있다.

순한 기질의 아이는 자신의 불편한 감정을 명확하게 표현하는 법을 배워야 한다. 자신의 경계를 설정하고 이를 타인에게 알리는 것이 중요하다. 이 경계를 지킬 때 스트레스를 줄이고, 아이가 자신의 감정을 보호할 수 있게 된다. 양보와 배려는 도덕적으로 칭찬받을 수 있지만, 무조건적인 양보와 배려는 결국 자기 자신을 힘들게 만들 수 있다는 점을 가르쳐야 한다.

까다로운 기질

자극에 민감한 아이는 우리가 평소 잘 느끼지 못하는 것에도 예민하게 반응하고, 사소한 자극에도 불쾌감을 표현한다. 반응이 빠르고 강하기 때문에 주변 사람들을 피곤하게 만들기 쉽다.

까다로운 기질의 아이는 모든 일에 시간이 필요하다. 아이가 적응하고 안정감을 느낄 수 있도록 충분한 시간을 주고 기다리는 것이 부모의 역할이다. 민감하고 반응이 강하다고 해서 적응을 거부하거나 활동을 싫어하는 것은 아니며, 또래 관계나 활동을 피하는 것이 아닐 수 있다는 점을 기억해야 한다. 부모는 아이가 민감성을 조절하고 안정감을 느낄 수 있도록 단계적으로 자극에 노출시키고, 어려운 상황도 도전하고 극복할 수 있도록 지지해 주어야 한다.

까다로운 기질의 아이들은 타인의 반응에 민감하게 반응한다. 별것 아닌 상황에서도 타인의 반응을 과도하게 살피고 오해할 수 있다. 타인의 반응에 민감하면 또래 관계에서 주목받길 원하고, 선생님이나 부모에게 인정받기를 원한다. 부모는 아이에게 무한한 사랑과 관심을 줄 수 있지만, 타인과의 관계에서는 상황이나 사람에 따라 그럴 수 없다는 점을 알려주어야 한다. 또한 타인의 거절이나 비판이 반드시 나를 싫어하거나 미워한다는 의미가 아님을 설명해 주어야 한다.

까다로운 아이에게 다양한 자극을 주고, 상황과 사람에 따른 변화를 이해시키려면 부모의 심리적 안정이 필수적이다. 부모가 심리적으로 안정되어 있어야 아이의 강한 반응에 유연하게 대응할 수 있다. 만약 부모가 불안정하다면, 아이의 강한 반응에 과도하게 반응해 짜증을 내거나 화를 내기 쉬워지고 아이의 불안을 키울 수 있다. 그래서 부모의 마음이 안정되고 반응을 조절하는 것이 가장 기본이 된다.

느린 기질

처음부터 모든 것을 잘하는 사람은 없다. 누구나 시행착오를 겪으면서 성장한다. 한 계단씩 차근차근 올라가야 다음 계단에 이를 수 있다.

아이는 하얀 도화지와 같다. 도화지에 어떤 그림을 그릴 것인지 기다려주고, 혹시라도 구겨지거나 찢어지지 않도록 보살피는 것이 부모의 역할이다. 아이가 더디고 느릴 때 간섭하거나 재촉하고 싶은 마음이 들 수 있다.

하지만 기대치를 조금 낮추고, 아이가 천천히 가더라도 결국 해낼 수 있다고 믿어주자. 아이가 기다려주고 이해해주는 부모가 있다는 걸 느낄 수 있게 해주어야 한다. 그러면 아이는 결국 자신감을 가지고 해낼 수 있을 것이다.

느린 아이를 키울 때는 부모가 충분한 시간을 마련해 주어야 한다. 다른 아이들이 할 일을 이미 끝냈다고 하더라도, 아이는 제시간 안에 마치지 못할 수 있다. 이러한 상황이 반복되면 자신의 부족한 모습과 혼나는 기억만 남게 된다. 아이에게 서두르거나 빨리하라고 재촉하기보다는 부모가 미리 여유 시간을 확보하고 아이가 해낼 수 있도록 도와주어야 한다.

혼합형 기질

순한 기질과 까다로운 기질이 섞인 아이는 어떤 상황에서는 매우 순응적이고 순하지만, 다른 상황에서는 지나치게 민감하고 까다롭게 행동할 수 있다. 이런 혼합형 성향은 부모에게 혼란을 줄 수 있지만, 너무 어렵게 생각할 필요는 없다.

순한 면에는 감사함을 느끼고, 까다로운 면에 대해서는 이해하고자 노력하며, 아이가 힘들어하는 부분은 경험을 통해 차츰 적응할 수 있도록 기다려주는 지혜가 필요하다.

기질은 타고난 특성이기 때문에 억지로 바꾸려고 해도 변하지 않는다. 각기 다른 기질적 특성을 싫다고 무시하거나 억압하기보다는 인정하고 이해하려는 노력이 필요하다. 기질적 특성은 삶의 다양한 상황과 사람들과의 경험을 통해 성격으로 발전해 나갈 수 있다.

    부모는 자신의 기질적 특성, 배우자의 기질적 특성 그리고 아이의 기질적 특성을 잘 이해하고, 우리가 만들어가는 환경이 아이의 성격 형성에 중요한 영향을 미친다는 점을 명심해야 한다.

모범생이 힘든 이유

  우리가 흔히 말하는 모범생은 어떤 기질을 갖고 있을까? 바로 규칙성이 높은 성향, 즉 순응성이 높은 아이다. 기본적으로 사회가 정한 규칙을 잘 지킨다. 부모님과 선생님의 말을 잘 듣고, 친구들과 사이좋게 지내며 양보하고 배려한다. 학생답게 공부에 집중하고, 일상과 놀이에서 규칙과 질서를 지킬 때 마음이 편안하다. 이 아이는 자신의 욕구보다 정해진 규칙을 우선시하며, 욕구를 참고 절제하는 능력이 뛰어나다.

  그래서 부모와 문제가 거의 없고, 기관에서도 선생님들에게 자주 칭찬을 받는다. 친구들에게도 인기가 많아 다른 집에서 부러워하는 엄친아, 엄친딸로 불리기도 한다. 그러나 이런 아이를 둔 부모라면 반드시 아이를 섬세하게 들여다봐야 한다. 주변에서 규칙과 질서를 지키지 않는 사람들 때문에 스트레스를 과도하게 받거나, 다른 사람들을 배려하느라 자신의 의견이나 생각을 표현하지 못할 수 있다.

이런 모습은 아이의 일상에서 말이나 행동을 통해 자주 나타난다. 어느 날, 아이가 학교에서 돌아와 힘들었다고 털어놓는다. 이유를 물어보면, 선생님이 조용히 하라고 했는데 같은 반 친구들이 계속 떠들었다고 말한다. 또 다른 날에는 선생님이 장난꾸러기 친구와 짝을 지어 주었는데, 힘들어도 말하지 못하고 참다가 결국 울음을 터뜨렸다고 한다.

길을 걷다가도 걱정이 많다. 왜 쓰레기를 쓰레기통에 버리지 않고 길거리에 버리는지, 왜 어른들이 빨간불에 횡단보도를 건너는지 신경이 쓰인다. 친구 관계에서도 마찬가지다. '내가 싫다고 하면 나랑 안 놀아 줄까?'라는 걱정에 제대로 마음을 표현하지 못하고, 그로 인해 자신과 비슷한 친구들만 찾아 어울린다.

학습에 있어서도 아픈 날이나 특별한 일이 있는 날에도 숙제를 꼭 해야 한다고 생각한다. 공부가 하기 싫고 과부하 상태이지만 주변의 기대를 저버리지 않기 위해 묵묵히 해내고 있을 수 있다.

모범적 성향을 지닌 아이들은 갈등을 싫어한다. 갈등이 생길 만한 일을 애초에 하지 않으려 하고, 만약 갈등이 생기면 회피하려는 경향이 있다. 갈등을 피하려고 자신의 생각을 표현하지 않고 숨기는 경우도 많다. 하지만 회피는 근본적인 해결책이 될 수 없다. 그 순간은 넘어가더라도 억눌린 감정이 쌓여 심리적 문제를 일으킬 수 있다.

이처럼 아이가 너무 착해서 혹은 싫다는 표현을 하지 않아, 부모가 미처 알아채지 못했던 사소한 일들이 쌓여 아이를 힘들게 할 수 있다. 따라서 아이가 모범생이라면 더 세심하게 살피고 마음의 소리를 들으려는 노력이 필요하다.

아이가 부모를 실망시킬까 봐 부정적인 감정을 드러내지 못하는 경우도 있다. 우리가 생각하는 모범생은 공부를 잘하고 유능하며, 주의력과 지속성이 높아 자신이 좋아하든 그렇지 않든 해야 하는 일이면 집중을 잘한다. 반복적이고 지루한 과제도 끝까지 해내고, 충동적이지 않으며, 규칙과 질서도 잘 지킨다. 이러한 아이는 지금까지 잘해왔기 때문에 부모에게 걱정을 끼치지 않고 앞으로도 잘해낼 것이라는 높은 기대를 받는다.

이렇게 기대를 받으며 자란 아이들은 압박감 때문에 '싫어요, 아니에요, 못해요, 어려워요, 힘들어요' 같은 말을 잘 하지 못할 수 있다. 늘 옳은 일만 하고 바른 말만 해야 한다고 생각하는 아이는 집에서도 부모에게 부정적인 감정을 표현해본 적이 거의 없기 때문에 친구들에게도 솔직하게 말하기가 어렵다. 싫은 건 싫다고, 아닌 건 아니라고 말하지 못한 감정들이 쌓이면 또래 관계나 사회생활에서 어려움을 겪게 될 수 있다.

부모는 아이가 잘 해낼 수 있도록 지지하고 잘하는 부분을 칭찬하는 것만큼이나, 아이가 힘들고 어려울 때 그 감정을 솔직하게 표현하고 나눌 수 있게 하는 것이 중요하다.

앞으로는 공부를 잘하는 아이보다 '나이에 맞게 좋고 싫음을 표현할 줄 아는 아이'가 진짜 유능한 아이로 여겨졌으면 좋겠다. 자신이 좋아하는 것과 싫어하는 것을 분명히 구분하고, 이를 타인에게 적절하게 표현할 줄 알아야 한다. 좋아하는 것을 가족과 친구들이 함께 즐기고, 싫어하는 것을 존중받을 때 아이는 일상에서 더 큰 만족감과 행복을 느낄 수 있다.

잊지 말자. 우리가 진정으로 바라는 것은 아이가 행복한 삶을 사는 것이다. 아이가 힘든 순간에 우리가 항상 곁에 있어 그 어려움을 함께 나눌 수 있다는 사실을 알고, 부모가 그 무게를 기꺼이 함께 나눠줄 수 있기를 바란다.

기질별
학습 방해 요소

기질에 따라 학습에 방해가 될 수 있는 요소들이 존재한다. 각자의 에너지 수준이나 성향에 따라 집중력이 다르고, 학습 태도에 영향을 준다. 다양한 기질별로 나타날 수 있는 학습 방해 요소들을 살펴보자.

활동성이 매우 높거나 낮을 때

에너지가 너무 높은 아이는 가만히 있는 활동이 지루하게 느껴진다. 조용히 있으라고 하면 머리로는 이해해도 몸은 에너지를 발산해야 한다. 그래서 손가락을 꼼지락거리거나 다리를 흔들고, 엉덩이라도 들썩이게 된다. 가만히 있으라고 하면 입이라도 움직여야 해서 말이 많아지고, 생각도 여기저기로 튄다.

이처럼 움직임이 지나치게 크면 주변 사람들에게 방해가 되거나 지적을 받을 수 있다. 그래서 관심을 끌기 위해 일부러 이런 행동을 한다고 오해받기도 한다.

에너지가 너무 낮으면 무언가를 시작하기도 전에 기운이 없어 보여서 열정이 부족하다는 인상을 준다. 시작하더라도 금세 지치고, 머리로는 하고 싶어도 몸이 따라주지 않아 힘들어한다. 몸이 처지면 둔해져서 순식간에 끝낼 수 있는 일도 오랜 시간이 걸린다.

활동한 날은 쉬어야 해서 집중하기 어렵고, 무언가를 하자고 해도 시큰둥한 반응을 보인다. 이런 모습은 어떤 일을 하든 마지못해 하는 인상을 주고, 관심이 없어 보이는 느낌을 줄 수 있다.

규칙성이 매우 낮을 때

절제가 잘 되지 않고 내가 하고 싶은 것이 먼저이기 때문에 충동적이고 자유분방해 보인다. 계획을 세우기도 어렵고, 계획을 세워도 지키기 힘들다. 제한을 두어도 지키지 않고, 정해진 것보다 자신이 하고 싶은 것이 우선이기 때문에 시간을 잘 지키지 않고 자주 변경한다. 서로 약속을 해도 마음이 바뀌면 규칙을 바꿔버린다.

경쟁에서 자신이 지면 쉽게 받아들이지 못하기 때문에 이길 수 있는 것만 하려고 든다. 잘하고 싶고 칭찬받고 싶어 하지만, 규칙을 잘 지키지 못하기 때문에 반항적이고 이기적으로 보일 수 있다.

이러한 성향 때문에 4~5세 때부터 기관에서 지속적으로 지적받을 수 있다. 부정적 피드백으로 인해 주변 시선에 민감해지고 자기효능감이 낮아지는 등 심리적인 영향을 받을 수 있다. 또한 친구들 사이에서 '선생님의 말을 듣지 않는 아이', '자주 혼나는 아이'로 여겨져 관계에서 어려움을 겪을 수 있다.

주의력과 지속성이 매우 낮을 때

좋아하는 것과 싫어하는 것, 잘하는 것과 못하는 것, 어려운 것과 쉬운 것 사이에 큰 차이가 있다. 좋아하는 것도 시간이 지나면 지속하기 어렵고, 시작하기 전에 "어려워요. 이걸 다 해야 하나요?" 하면서 투덜댄다. 무엇이든 시작하기 전까지 시간이 오래 걸리고, 싫어하는 일을 할 때는 이해시키는 데 부모의 에너지가 많이 소모된다.

과제 중간에도 자주 멈추고 질문을 하며, 그때그때 떠오르는 말을 하느라 다음 단계로 넘어가기 어렵다. 과제를 마쳤다고 해도 실수가 잦아 다시 점검하고 수정해야 할 부분이 많다.

하고 싶지 않거나, 잘할 수 없을 것 같고 어려워 보이면 쉽게 포기하고 금세 지쳐버린다. 시작하는 것 자체가 어렵지만, 끝까지 마무리하는 것은 더욱 힘들어한다.

자극 민감성이 매우 높을 때

주변의 자극들이 모두 방해 요소로 작용한다. 빛의 밝기, 그림자의 움직임, 주변 소음, 속삭이는 말소리, 어딘가에서 나는 냄새, 꽉 조이는 옷, 까슬한 손톱까지 방해가 된다.

거실에서 부모가 작게 대화하는 소리에 신경 쓰며 방에서 나와 참견하고, 동생과 공부방에 앉아 있으면 동생에게 잔소리를 하고 있다. 공부를 한다고 책상에 앉으면 정리를 시작해 반나절을 다 보낸다. 학교에서는 자신이 노트에 필기한 글자가 마음에 들지 않아 고민하고, 선생님의 말투나 표정에도 영향을 받는다.

이처럼 아주 사소한 일에도 방해받기 쉽고, 그 방해가 싫어서 대응하다가 시간을 허비하게 된다. 작은 자극들도 방해가 되어 쉽게 짜증이 나고 기분 좋게 일을 처리하기 어렵다.

기질별
학습 허들 뛰어넘기

　기질에 따른 학습의 어려움은 누구에게나 있을 수 있다. 하지만 아이의 기질적 특성을 이해하고, 이를 극복하기 위한 방법을 찾는다면 학습을 보다 효율적으로 할 수 있다. 기질별 학습 허들을 뛰어넘을 수 있는 방법을 살펴보자.

활동성 조절하기

　우리는 보통 차분한 상태에서 맑은 정신으로 일을 처리한다. 하지만 에너지가 소진되어 지치면 어떻게 될까? 몸이 축 처지고 머리는 몽롱해지며 일 처리가 늦어진다. 에너지가 남지 않으면 지쳐

쓰러져 잠들게 된다.

반대로 에너지가 충전되어 팔팔한 상태를 생각해보자. 이때 활동성이 높은 아이는 들떠서 목소리가 커지고 말이 많아지며 산만해진다. 이보다 에너지가 더 넘친다면 흥분해서 소리치며 뛰어다니거나, 속상한 일이 생기면 큰 소리로 울기도 한다.

평소 우리는 활동을 많이 하면 지치고 피곤해진다. 그러나 활동성이 높은 아이는 피곤해야만 차분하고 정신이 또렷해진다. 활동성이 높은 아이들이 학습에서 어려움을 겪는 이유는 집중력이 오래 지속되지 않기 때문이다. 외향적이고 에너지가 넘치는 아이들은 가만히 앉아 있기가 힘들다. 엉덩이가 가만히 있으면 눈이, 눈이 가만히 있으면 손이, 손이 아니면 입이 끊임없이 새로운 자극과 활동을 찾아 헤맨다.

학습은 반복적이고 지루한 활동이기 때문에 이러한 아이들에게 도전이 될 수 있다. 그래서 학습을 시작하기 전에 에너지를 소모할 수 있는 활동을 하게 해주어야 한다. 에너지를 어느 정도 소모하면 새로운 자극을 찾을 여력이 줄어들어 책상 앞에서 조금 더 오래 집중할 수 있게 된다.

에너지를 다 써버려 학습에 필요한 힘까지 없어지는 것은 아닐까 걱정이 될 수도 있지만, 활동성이 높은 아이들은 일반적인 경우와 다르다. 에너지를 적당히 소비한 후에 차분해지고, 오히려 더 또렷하게 집중력을 유지할 수 있다.

그렇다면 활동성을 낮출 수 있는 활동은 무엇일까? 활동성이 높은 아이들은 지칠 줄 모른다. "이제 그만 놀아야지. 집에 가자"는 말을 여러 번 반복해야 놀이를 마친다.

활동성이 높은 아이를 지치게 하려면 단순히 구경하거나 걸어 다니는 것으로는 부족하다. 놀이터에서 놀게 하는 것만으로도 충분하지 않다. 이때는 목표가 있는 활동이 필요하다. 아이가 목표를 세우고 노력하는 과정이 포함되어야 하며, 도전과 시행착오를 겪으면서 성취를 이룰 수 있는 활동일 때 아이의 활동성을 낮출 수 있다.

전 세계적으로 열풍을 일으킨 넷플릭스 드라마 〈오징어 게임〉에서 등장한 게임들 중 하나인 '무궁화 꽃이 피었습니다'를 예로 들 수 있다. 이 게임에는 규칙이 존재한다. 술래가 "무궁화 꽃이 피었습니다"를 외친 후 돌아보면, 참가자는 움직이지 않고 멈춰야 한다. 술래가 돌아보는 동안 움직이면 술래에게 잡힌다. 술래에게 잡히지 않고 목적지에 도착하는 것이 게임의 목표다.

이 놀이에는 규칙과 타이밍을 보면서 몸을 움직이는 활동들이 있다. 예를 들어 달리기나 멈추기 같은 것들이다. 실패와 성공을 경험하는 과정도 있다. 술래가 돌아볼 때 움직이면 실패이고, 목적지에 도착하면 성공하는 방식이다. 이렇게 계획을 세우고, 시행착오를 겪으면서 성공을 경험해보는 놀이가 좋다. 물론, 달리기나 멈추기보다 힘든 활동일수록 더 효과적이다.

어렸을 때 많이 했던 숨바꼭질, 술래잡기, 달리기 경주 같은 놀이들은 아이에게 모두 도움이 된다. 만약 놀이할 시간이 부족하다면 아이와 함께 이동하는 시간을 활용할 수 있다.

학창 시절, 운동장에서 벌로 오리걸음, 토끼뜀 등을 하던 기억이 있을 것이다. 이 활동이 아이들에게는 기합이 아니라 재미있는 놀이가 될 수 있다.

"우리 여기서부터 저기까지 오리가 걷는 것처럼 뒤뚱뒤뚱 가보자."

"토끼처럼 깡충깡충 뛰어가볼까?"

말이 끝나기가 무섭게 신나게 뛰어가는 아이들이 바로 활동성이 높은 경우다. 만약 이동할 때 이런 활동을 하기 어렵다면 계단을 활용하는 방법도 있다. 계단을 두 칸씩 오르게 하는 것만으로도 효과를 볼 수 있다.

끊임없이 움직이거나 어딘가에 매달려 있는 아이에게 "조용히 좀 해", "조심히 가자"라고 말해도 가만히 있기 어려워할 때는 오히려 더 많이 움직이고 체력적으로 지치게 하는 것이 도움이 된다. 이렇게 하면 목적지에 도착했을 때 아이는 더 차분하고 집중력 있게 과제를 할 수 있다.

반대로 활동성이 낮은 아이들은 어떻게 해야 할까? 평소 에너지가 낮은 아이들은 쉽게 지치기 때문에 중요한 과제를 하기 전에 과도한 놀이로 체력을 소진하면 오히려 집중력이 떨어질 수 있다. 학습 전에 격렬한 운동이나 놀이를 하면 이미 에너지가 남지 않았기 때문에 학습 대신 휴식을 원할 가능성이 크다. 그래서 학습을 먼저 하고 휴식을 취하는 것이 좋다.

아이가 피로를 쉽게 느낀다고 해서 학습 외의 활동을 모두 빼는 것은 좋지 않다. 학습처럼 중요한 과제는 휴식보다 우선하도록 하고, 비록 힘들더라도 끝마치는 연습을 해야 집중하는 시간을 늘릴 수 있다. 해야 할 일을 마친 후에는 충분한 휴식이 필수적이다.

활동성이 낮은 아이들은 에너지가 적기 때문에 학습시간도 제한적일 수밖에 없다. 제한된 에너지를 효율적으로 활용하기 위해서는 학습의 양과 질을 높이는 것이 중요하다. 그래서 자신에게 맞는 학습 방법을 반드시 찾아야 한다.

그러나 이보다 더 중요한 것은 에너지의 기본 저장량을 늘리는 일이다. 체력 향상을 위해 꾸준한 운동이 필수다. 운동을 통해 체력을 기르고 에너지 저장고를 키우면, 학습을 유지할 수 있는 시간이 자연스럽게 늘어난다. 아무리 학습을 우선순위에 두고 효율적으로 공부하더라도 체력이 뒷받침되지 않으면 한계에 부딪힐 수 있다. 따라서 운동과 체력 관리를 반드시 해야 한다.

하루 일과에서 중요한 과제를 우선순위로 두고, 과제하는 시간을 짧게 설정한 뒤 쉬는 시간을 자주 주는 것이 좋다. 점차 과제하는 시간을 늘려가며 아이가 체력적으로 무리가 가지 않도록 조절하는 것이 요령이다.

규칙성 높이기

순응성이 높은 아이는 신체 리듬도 규칙적이어서 잘 자고 개운하게 일어나며, 식사 시간이 되면 밥을 잘 먹고, 배변 활동도 원활하다. 반면 순응성이 낮은 아이들은 규칙성이 부족한 경향이 있다.

규칙성이 낮은 아이라면 어릴 때부터 규칙적인 생활을 할 수 있도록 도와주어야 한다. 이를 위해 부모가 먼저 규칙을 지키며 좋은 본보기가 되어야 한다. 예를 들어 '일어나면 씻는 거구나', '이 시간에는 밥을 먹는구나', '밥을 잘 먹어야 간식을 먹을 수 있구나', '밥 먹고 나면 양치질을 하는 거구나', '이 시간에는 불 끄고 자야 하는구나'와 같은 방식으로, 일정한 생활패턴을 자연스럽게 몸에 익히도록 해야 한다.

어릴 때 아이의 기질이 까다롭게 느껴지는 이유는 울음을 통해 '불편해요', '하고 싶지 않아요'라는 감정을 표현하기 때문이다. 아이가 울기 시작하면 부모는 당황하기 쉬운데, 규칙은 아이의 기분이나 성향에 따라 조정할 수 있는 것이 아님을 기억해야 한다.

처음에 아이가 거부할지라도, 생활 속 규칙을 부모가 일관되게 지켜나가야 한다. 아이에게 맞춰 규칙을 쉽게 바꾸다 보면 나중에 올바른 습관을 자리 잡게 하는 것이 더 어려워진다.

중요한 것은 앞으로도 바뀌지 않을 규칙을 부모가 정하고, 일관되게 지켜나가는 것이다. 예를 들어 부모가 '우리는 식사할 때 TV를 보면서 편하게 먹자'라고 결정했다면 TV를 보면서 식사를 해도 된다. 그러나 '식사 시간은 가족과 대화를 나누는 시간이니까 TV를 보지 않는다'라는 원칙을 세웠다면, 식사 때마다 이를 지켜야 한다. 규칙이 자리 잡으면 아이도 점차 당연하게 받아들이게 되고, 더 이상 식사 중에 TV를 보겠다고 조르지 않게 된다.

규칙성이 높은 아이는 쉽게 적응하고 자연스럽게 규칙을 지키지만, 규칙성이 낮은 아이는 습관이 형성되는 데 오랜 시간이 걸리며 자신이 원하는 방향으로 규칙을 바꾸려는 경향이 있다. 따라서 이러한 성향을 미리 인지하고, 규칙을 일관되게 유지할 수 있도록 도와주어야 한다. 그래서 규칙성이 낮은 아이일수록 부모의 일관된 양육 태도가 필수적이다.

집에서는 일관된 양육 태도를 유지할 수 있지만, 밖에 나가면 주변의 시선 때문에 유지하기 어려운 경우가 있다. 아이들은 부모가 곤란해하는 순간을 잘 파악하여 자신의 뜻대로 상황을 끌고 갈 수 있는 기회를 놓치지 않는다. 그래서 함께 있는 사람들이 많을수록 울음, 떼쓰기, 조르기가 심해지고 길어진다.

특히 규칙성이 낮은 아이들은 이런 순간을 기회로 삼을 수 있다. 예를 들어 '식사 중에 TV나 유튜브를 보지 않는다'는 규칙을 알고 있으면서도, 외식을 할 때는 유튜브를 보면서 먹겠다며 떼를 쓰기도 한다. 아이가 떼를 써도 규칙은 지켜야 한다는 것을 알려주기 위해서는 아이가 이해할 수 있도록 규칙을 확고히 전달하는 것이 중요하다.

아이와 둘만 있을 때는 규칙을 잘 지키는데, 부모가 주변 시선을 신경 쓰면 규칙을 지키기 어려울 수 있다. 이때는 부모가 주변의 눈치를 보지 않을 수 있는 곳을 찾아야 한다. 예를 들어 식당에서 아이가 칭얼거릴 때는 식당 밖이나 사람들의 시선에서 벗어날 수 있는 곳으로 이동하여 규칙을 다시 한 번 명확히 알려준다.

어떤 환경에서도 우리의 규칙은 변하지 않는다는 것을 아이에게 전달하고, 아이가 이해했을 때 다시 식당으로 돌아오면 된다. 부모가 흔들리지 않고 일관된 규칙을 유지한다면, 아이도 잘 따를 것이라고 믿어야 한다.

가정마다 규칙이 다른 것은 문제가 되지 않는다. 그러나 그 규칙이 상황이나 부모의 기분에 따라 달라지면 아이는 혼란스러워 할 수 있다.

부모가 일관되게 기본적인 생활규범과 예의범절을 가르치면, 아이는 사회에서도 잘 적응하고 규칙을 지킬 수 있게 된다. 따라서 가정 내에서도 규칙을 지키는 습관을 기르는 것이 중요하다. 이러한 습관은 기관이나 사회에서도 규칙을 잘 따를 수 있는 바탕이 된다.

반대로 규칙을 만들지 않거나 상황에 따라 지키지 않아도 된다고 생각하면, 아이는 또래 관계는 물론 사회적 관계에서도 어려움을 겪을 수 있다. 이로 인해 비판이나 비난을 받을 수 있으며, 심리적인 문제로 이어질 수 있다.

규칙성을 학습적인 측면에서 보면, 규칙성이 높은 성향의 아이가 학습 효율성이 좋을 수 있다. 학습은 지루하고 반복적인 과정인데, 정해진 기준과 틀에 맞춰 이를 수행해야 한다고 생각하기 때문이다. 예를 들어 선생님이 숙제를 내주었다면 반드시 해야 하는 일이므로 숙제를 마치는 것을 당연하게 여긴다. 공부를 좋아해서 하는 것이라기보다는 해야 하는 일로 인식하고 실천한다.

또한 기준을 잘 지키고 선생님의 말을 잘 듣는 것이 안정적이고 만족스럽다고 느끼기 때문에 자연스럽게 규칙적인 학습을 지속할 수 있다. 이러한 성향은 인내력에도 긍정적인 영향을 준다.

규칙성이 낮은 성향의 아이는 자신의 욕구가 우선이기 때문에 계획을 세우는 연습이 필요하다. 이들은 욕구 지연이나 자제력이 부족하고 하고 싶은 일을 먼저 하려는 경향이 있다. 따라서 오늘 해야 할 일들의 우선순위를 정하도록 도와주고, 우선순위에 맞게 일을 끝낸 후에 자신이 원하는 활동을 할 수 있게 유도해야 한다.

규칙성이 낮은 성향의 아이는 어릴 때부터 어떻게 할 일을 습관화하느냐에 따라 학습 습관이 형성된다. 일의 우선순위를 정하고, 일정한 규칙을 지키는 습관을 길러주자.

주의력과 지속성 높이기

하고 싶지 않은 것이나 해내기 어렵다고 생각하는 것을 '하고 싶고, 해낼 수 있게 만드는 것'이 가장 어려운 일이다. 아이가 하고 싶지 않은 일을 얼마나 오래 하고 많이 했는지에 초점을 맞추기보다는, 그 일을 통해 능력을 최대한 발휘하고 기분 좋게 해낼 수 있도록 도와주자.

효율성이 핵심이다. 하기 싫어하는 일은 오랜 시간을 해도 결과가 좋지 않다. 차라리 짧은 시간 내에 능력을 최대한 발휘해서 끝내고 놀게 하는 것이 더 낫다.

우리가 억지로 공부시킬 때 아이는 어떤 모습인가? 이리저리 몸을 비틀면서 집중하지 못한다. 부모는 아이에게 해보라고 혼내거나 타이르면서 겨우 과제를 마친다. 아이가 과제에 집중하는 시간보다 부모가 어르고 달래는 시간이 더 길어진다.

주의력과 지속력이 낮은 아이는 쉬운 과제부터 조금씩 내주어야 한다. 아이가 충분히 해낼 수 있고, 주어진 과제보다 더 많은 양을 해낼 수 있더라도 능력에 맞는 과제를 주면 억지로 하게 된다.

공부 습관을 만들기 시작할 때는 과제를 아이가 해낼 수 있는 수준보다 '쉽게', 유지할 수 있는 시간보다 '짧게', 해낼 수 있는 양보다 '적게' 주어야 한다. 아이의 능력으로 10분 안에 끝낼 수 있는 과제를 30분이나 걸려 해내는 것은 의미가 없다. 20분 동안의 실랑이가 부모를 지치게 했고, 아이는 스스로 '나는 공부를 못해. 정말 하기 싫다'는 생각을 하게 되기 때문이다. 차라리 1분 만에 기분 좋게 끝낼 수 있는 과제를 10회 하는 것이 훨씬 효과적이다.

'난 1분 만에 해냈고 잘했다. 또 해낼 수 있다!'

이처럼 긍정적인 경험이 쌓여 가면, 점점 더 어려운 과제도 쉽게 해낼 수 있게 된다. 아이가 공부를 '해낼 수 있는 것, 만만한 것'으로 만드는 일이 중요하다.

처음부터 억지로 공부를 시키면 한참 달려야 할 때 지쳐서 능력을 발휘할 수 없게 된다. 짧은 시간 내에 능력을 최대한 발휘하고, 쉬는 시간을 활용해 스트레스를 해소하는 아이가 나중에 자기주도학습을 잘할 수 있다. 이런 방식으로 학습하는 아이는 학년이 올라갈수록 학습에 집중하는 시간이 늘어나고, 시간 내에 할 수 있는 양도 늘어난다.

자극 민감성 낮추기

감각적으로 민감한 사람은 다양한 자극에 더 많이 노출된다. 민감한 만큼 보이고, 들리고, 느껴지는 것들이 많아 불편함과 긴장감을 자주 경험하게 된다. 이러한 자극들은 스트레스로 쌓이고, 불안과 공포를 유발하게 된다. 이때 가장 큰 문제는 시작도 해보기 전에 두려움 때문에 피하거나, 하다가 중간에 포기하는 것이다.

감각적으로 민감한 성향은 성장하면서 자연스럽게 낮아지기도 한다. 나이가 들면서 자극에 대한 반응이 둔화되기 때문이다. 뇌는 불필요한 자극을 더 이상 신경 쓰고 싶어 하지 않으며, 중요한 것에만 집중하려고 한다. 그래서 방해가 되는 것들은 자연스럽게 무시하게 된다.

민감한 성향을 가진 사람들은 중요한 일에 집중하면 사소한 자극에 신경을 덜 쓸 수 있다. 그런데 이것을 훈련하려면 편안한 환경에서는 어렵다. 불편한 자극에 노출되어야만 그것을 무시하는 방법을 배울 수 있다. 자극을 피하기만 하면, 뇌는 그 자극을 무시하는 법을 배우지 못하기 때문이다.

뇌가 불편한 자극을 무시하려면 충분히 경험한 후 '이 자극이 계속 들어오네. 더 이상 참을 수 없어. 무시해보자!'라는 단계에 이르

러야 한다. 이후 뇌는 '불필요한 자극은 신경 쓰지 말고 중요한 일에 집중하자!'라고 하면서 스스로 조절하고 몰입을 유도한다.

많은 부모가 민감한 아이에게 스트레스를 주기보다 스트레스가 없는 최적화된 환경을 제공하는 것이 좋다고 생각한다. 자극을 최소화한 환경에만 머물러 있으면 아이가 빠르게 적응할 수 있지만, 이는 단기적으로만 도움이 된다.

아이는 앞으로 다양한 상황에 적응해야 한다. 예를 들어 시험 환경은 쉽게 바꿀 수 없다. 따라서 시험과 같은 자극에 대한 노출을 줄이거나 피하는 것보다는, 그 상황에 적응할 수 있는 능력을 길러주어야 한다. 자극에 대한 내성을 기르고 효과적으로 대처할 수 있는 방법을 배우는 것이 장기적으로 도움이 된다.

자극을 계속 피하면 뇌는 그 자극을 무시하는 법을 배우지 못하고 더 민감하게 반응할 수 있다. 모든 환경을 아이의 성향에 맞출 수는 없다. 특히 민감한 아이일수록 다양한 자극과 경험이 지속적으로 필요한 이유다.

3장

공부에 최적화된 환경 만들기

공부하고 싶은
마음 만들기

　공부 잘하는 아이들을 보면 하루 종일 공부하는 것처럼 보일 수 있다. 학교 쉬는 시간에도 공부하고, 부모가 잔소리하지 않아도 집에 오자마자 스스로 숙제하며, 졸린 눈을 비벼며 밤늦게까지 공부한다고 생각할 수 있다.

　하지만 실제로는 상위권 성적을 유지하면서도 자신이 하고 싶은 활동에 시간을 할애하는 경우가 많다. 예를 들어 친구들과 PC방에 가서 게임을 하거나, 좋아하는 웹툰이나 소설을 즐겨 읽는다. 옆에서 엄마가 "시험인데 괜찮아?" 하고 물어보면 오히려 "다 하고 노는 거야"라고 대답한다.

공부를 잘하는 아이들의 순수한 공부 시간은 하루 3시간 정도라고 한다. 여기서 말하는 순수한 공부 시간은 학교나 학원에서 보내는 시간이 아니라, 배운 내용을 복습하고 점검하는 시간이다. 그래서 학원을 많이 다니는 것보다 혼자 공부하는 시간, 즉 자습 시간이 반드시 필요하다. 이 자습 시간이 바로 자기주도학습이며 진정한 공부 시간이 된다.

아이의 집중력을 높여주는 가장 쉬운 방법

책상에 앉아서 시간만 보내는 것은 뇌의 효율성을 떨어뜨린다. 책상에 앉아 있는 동안은 뇌가 적극적으로 학습을 해야 한다. 그렇지 않으면 제대로 공부하지도, 충분히 쉬거나 놀지도 못한 채 멍한 상태로 시간을 낭비하게 된다.

따라서 '책상에 앉아 있는 시간 = 공부하는 시간'이라는 인식을 아이의 뇌에 심어 주는 것이 중요하다. 이 시간 동안 뇌를 활성화시키고, '지금 가장 중요한 일은 공부다!'라고 스스로에게 명령을 내릴 수 있도록 유도해야 한다. 그러면 아이가 자연스럽게 책을 펴고, 연필을 잡고, 눈을 움직이며 학습에 집중할 수 있다.

아이의 집중력을 방해하는 요소들을 살펴보면 다음과 같다.

- 아이가 스스로 세운 학습 계획이 없다.

- 부모가 계획을 세우고 여기에 맞추도록 강요한다.
- 부모가 문제집을 고르고 강제로 풀게 한다.
- 공부방에서 나오는 것을 제한한다.
- "오늘은 뭐 할 거야?", "그거 다 했어?" 등 지나치게 재촉한다.
- 학원 일정이 빡빡해 혼자 공부할 시간이 부족하다.
- 내용을 눈으로만 훑고 깊이 이해하지 않는다.
- 답안지를 먼저 보고 풀이 과정을 건너뛴다.
- 아이가 공부하는 동안 부모는 TV를 보거나 핸드폰을 사용한다.
- 아이가 자신의 장점과 단점을 모른다.
- 충분한 휴식 시간이 없다.
- 지나치게 쉬운 내용을 반복 학습한다.
- 아이의 수준을 고려하지 않고 어려운 내용을 가르친다.
- 친구들과 교류할 기회가 부족하다.
- 아이가 집중하고 있을 때 자꾸 말을 걸어 방해한다.

방해 요소를 줄이면 아이의 집중력이 향상된다. 이번에는 공부 의욕을 높여 집중력을 강화시키는 방법을 살펴보자.

첫째, 동기 부여가 먼저다.

공부를 통해 이루고 싶은 목표나 꿈이 분명하면 지치지 않고 꾸준히 노력할 수 있다. 아이에게 자신만의 이유가 확실히 있다면 공부는 더 이상 해야 하는 일이 아니라, 즐거운 도전이 될 것이다.

아이의 롤모델을 찾아라

요즘 아이들에게 장래희망을 물어보면 예전과는 확연히 달라진 모습을 느낀다. 과거에는 대통령, 과학자, 의사, 선생님과 같은 직업을 선호했지만, 이제는 연예인(특히 아이돌), 유튜버, 축구선수, 프로게이머 등 다양한 분야의 직업이 인기 있는 답변으로 꼽힌다.

2024년 한국복지패널에 따르면 초등 4~6학년 학생들의 희망 직업 조사에서 연예인, 운동선수 등 문화, 예술, 스포츠 전문가 및 관련 직업군을 선호하는 비율이 높았다고 한다. 이는 아이들이 공부보다 자신이 좋아하는 분야에 더 많은 관심을 가지고 있다는 점을 시사한다.

하지만 여전히 많은 부모들은 학업이 중요하다고 여기며, 아이가 공부에 집중하길 바란다. 그래서 부모들은 아이가 공부에 흥미를 보이지 않으면 설득하고 잔소리를 하다가 결국 화를 내고 만다.

"공부 안 하면 커서 네가 하고 싶은 일 못해."

"공부 안 하면 힘들게 살아야 해."

"대학 가서 실컷 놀아. 그때 너 하고 싶은 것 마음대로 해."

하지만 이런 말은 아이들에게 와닿지 않는다.

"엄마, 공부를 왜 해야 되나요?"

"이게 정말 행복하게 사는 방법인가요?"

부모는 순간 말문이 막히지만, 같은 말을 반복할 뿐 새로운 대답을 찾지 못한다.

아이에게 공부하고 싶은 마음이 들게 하려면, 먼저 내적 동기를 만들어줄 수 있는 대상을 찾는 것이 중요하다. 즉, 아이가 존경하거나 롤모델로 삼고 싶은 사람을 발견하도록 도와주어야 한다.

'저 사람처럼 되고 싶다.'

'저 사람을 직접 만나보고 싶다.'

이런 마음이 들면 자연스럽게 공부에 대한 태도가 달라진다. 부모가 공부 이야기를 하면 잔소리나 강요처럼 들리지만, 아이가 좋아하는 사람이 같은 말을 하면 어떨까?

예를 들어 차은우, 아이브를 좋아하는 아이가 있다. 만약 차은우가 "나랑 같이 공부할래?"라고 묻는다면? 혹은 아이브 멤버가 "나랑 같은 학교 다닐래?"라고 한다면? 이 말은 잔소리처럼 들리지 않을 것이다. 오히려 그들과 함께하고 싶다는 마음에 코피까지 쏟아가며 공부하려 들지도 모른다.

청소년 자녀를 둔 부모들이 상담을 오면 가장 많이 하는 질문이 있다.

"어떻게 하면 아이가 스스로 공부하게 만들 수 있을까요?"

이 질문을 받은 나는 이렇게 되묻는다.

"아이의 꿈이나 목표가 무엇인지 알고 계신가요?"

"아이가 가장 좋아하는 아이돌이 누구인지 아시나요?"

"아이가 가장 즐거워하는 활동은 무엇인가요?"

"학습 학원이 아니라, 아이가 다니고 싶어 하는 곳이 있나요?"

이 질문들은 부모가 아이에 대해 얼마나 깊이 알고 있는지 돌아보게 한다.

아이가 아직 뚜렷한 장래희망이 없더라도, 배우고 싶은 것과 좋아하는 사람을 통해 학습 동기를 찾을 수 있다. 아이에게 꿈이 있다면 그 분야의 롤모델(아이돌, 축구선수, 프로게이머 등)을 함께 찾아보고, 그 인물에 대해 깊이 알아보자.

아이와 함께 관련 프로그램을 시청하거나, 게임을 하거나, 콘서트에 가거나, 굿즈를 구매하는 등 다양한 경험을 함께하는 것도 좋은 방법이다. 나아가 롤모델이 다닌 대학을 직접 방문해 분위기를 느껴보면 아이가 그곳에서 자신의 미래를 그려볼 수 있을 것이다.

아이가 롤모델로 정한 사람이 결코 쉬운 길을 걸어온 것은 아닐 것이다. 그 과정에서 배울 점을 함께 찾아보고, 아이가 자연스럽게 의욕이 생길 수 있도록 도와주자.

혹시 아이가 특정 인물에 지나치게 빠지는 것이 걱정된다면, 그

우러는 잠시 내려놓아도 괜찮다. 이 시기는 금방 지나갈 것이다. 중요한 것은 아이가 그 롤모델에게만 매달리지 않고, 그 사람의 긍정적인 면을 본받아 성장할 수 있도록 도와주는 것이다.

아이가 좋아하는 사람을 비난하거나 깎아내려 관계를 어색하게 만들기보다는 아이가 건강한 방식으로 모델링할 수 있도록 지지해주자.

아이의 세계에서 부모보다 중요한 존재

부모에게 우선순위는 아이지만, 아이는 가족의 보살핌과 사랑보다 친구가 우선이다. 아이에게 친구는 비슷한 관심사를 나누고, 서로의 다름을 이해하며, 어려운 일이 있을 때 의지할 수 있는 소중한 존재다. 또한 비밀을 공유할 수 있는 특별한 관계이기 때문에 아이는 친구들과의 우정이 영원할 거라 믿는다. 이 믿음은 아이에게 큰 힘이 된다. 친구들과의 유대감 덕분에 아이는 학교가 싫고 공부가 지루하더라도 등교하고, 수업을 견디며 학원에 다닌다. 아이가 친구와 약속을 하거나 전화, DM을 주고받으며 시간을 보내는 것도 그만큼 중요한 의미를 가지므로, 부모는 그 시간을 존중해줄 필요가 있다.

아이가 또래와 잘 어울리지 않거나 친구들에게 관심을 보이지 않는다면 주의 깊게 살펴볼 필요가 있다. 아이가 "나는 친구가 없어요", "친구들이 날 싫어해요", "친구와 노는 게 재미없어요, 나는 친구가 필요 없어요"라고 말한다면 그 속에 어떤 문제가 숨어 있는지 살펴보고 원인을 찾아야 한다.

친구를 사귀고 싶지만 방법을 몰라서 서툰 경우도 많다. 어떻게 무리에게 다가가야 할지 몰라서 자신이 좋아하는 물건을 잔뜩 가져가 자랑하거나, 친구들에게 선물을 사주겠다고 하거나, 엉뚱한 말과 행동으로 웃겨서 관심을 끌려는 모습을 보이기도 한다. 하지만 이러한 방식은 장기적으로 무리 안에서 어울리기 어렵게 만들 수 있다.

친구에게 무조건 베풀거나, 친구가 좋아하는 대로 맞춰주는 방식은 친구와 관심사가 달라지거나 거절당하면 무리에서 소외될 위험이 있다. 따라서 다양한 대인관계 방법을 익히고, 무리 안에서 자연스럽게 어울리는 법을 배울 수 있게 해야 한다.

또한 아이의 또래 집단이 홀수로 구성된 경우에도 신경 써야 한다. 홀수일 경우 짝을 지어 활동할 때 아이가 홀로 남을 가능성이 있다. 예를 들어 나와 짝을 했던 친구가 다른 친구와 더 친해져서 새로운 짝을 만들 수도 있다. 이러한 상황은 아이가 처음 겪는 경험이기 때문에 크게 좌절감을 느끼고 상처받을 수 있다. 이는 아이들이 자유롭게 놀 때뿐만 아니라, 학교에서 모둠 학습을 할 때도 발생할 수 있는 일이다.

아이의 그룹이 3명이라면 다른 홀수 무리들과 짝을 이룰 수 있도록 연습시킬 수 있다.

"우리는 3명이니까 다른 팀과 같이 하자."

"그 팀에서 한 명은 나랑 함께하자."

미리 연습해보면 예상치 못한 상황에서도 당황하지 않고 친구들과 어울릴 수 있다.

요즘은 혼밥이나 혼술처럼 혼자 있는 시간이 자연스러워진 시대다. 따라서 혼자 있는 것이 결코 문제가 되지 않는다는 점도 아이에게 알려줄 필요가 있다. 또한 아이가 원하지 않는 일을 요구하는 무리가 있다면 적절하게 거절하는 방법을 가르쳐 주어야 한다.

원하지 않는 일을 함께하기보다 혼자 하는 것이 더 즐거울 수 있다는 점을 알려주자. 또한 혼자만의 시간이 나를 쉬게 해줄 수 있다는 사실과 그 시간을 즐기는 방법을 함께 가르쳐주는 것도 도움이 된다.

둘째, 아이의 가능성을 열어라.

아이가 스스로 공부하기를 바란다면 '자기결정이론'을 활용해보자. 이 이론에 따르면 외부의 압박 없이 스스로 선택한 일이 가장 강력한 동기를 만든다고 한다. 그래서 자기결정 능력이 높을수록 자기주도학습을 하는 것이 더 쉬워진다.

자기결정 능력을 키우는 핵심요소는 '자율성, 유능성, 관계성'이다. 자율성이란 스스로 선택하고 결정할 수 있는 능력이고, 유능성은 자신의 능력으로 문제를 해결할 수 있다는 자신감이다. 관계성은 타인과 긍정적인 관계를 맺고 정서적으로 지원받는 것을 뜻한다. 그렇다면 이 3가지를 어떻게 높일 수 있을까?

긍정적 언어 사용하기

모든 부모는 아이 앞에서 가능한 한 긍정적인 말을 하려고 노력할 것이다. 그러나 어떤 말이 아이에게 도움이 되는지 또는 하지 말아야 하는지 판단하기 어려울 때가 있다. 때로는 알면서도 감정을 조절하지 못해 아이 앞에서 부적절한 말을 하거나, 괜찮다고 생각해 아이에게 해서는 안 될 말을 하는 경우도 있다.

아이의 자율성, 유능성, 관계성을 높이는 대화법 중 하나는 아이 앞에서 책임을 전가하는 말을 하지 않는 것이다. 부모가 자주 하는 실수 중 하나가 아이의 잘못된 행동에 대한 책임을 외부로 돌리는 것이다.

예를 들면 아이와 시간을 충분히 보내지 못하는 이유를 미디어 탓으로 돌리거나, 감정 교류가 원활하지 않고 자주 문제가 생기는 이유를 아이의 사춘기 때문이라고 설명한다. 하지만 실제로 아이와 함께하는 시간이 적은 이유는 다른 데 있을 수 있고, 감정 교류가 어려운 이유 또한 따로 존재할 수 있다. 그럼에도 불구하고 책임을 외부로 돌리는 경우가 있다.

이런 태도를 보여주면, 아이 역시 행동에 대한 책임을 회피하고 핑계를 대는 것이 습관이 될 수 있다. 이로 인해 자율성이 낮아지고, 해야 할 일을 하지 않으면 유능성 또한 키울 수 없게 된다. 뿐만 아니라 책임을 전가하고 핑계를 대는 모습은 부모와의 관계에도 부정적인 영향을 미친다.

부모의 말습관을 돌아보고, 다음과 같은 대화법을 일상에서 실천해보자.

(시간이 되기 전에 재촉하며) 다 했어? → (기다려주고) 해냈네.
이건 (네 선택이) 별로다. → 더 좋은 방법이 있나 찾아볼까?
이걸 왜 이렇게 못해? → 어떻게 하면 좋을까?
이건 너 때문이야. → 이 문제를 어떻게 풀어갈 수 있을까?

다양한 경험을 통해 취미와 기술 만들기

아이는 아직 자신의 타고난 능력이 무엇인지, 인생에서 무엇을 즐기고, 어떤 능력으로 살아가야 하는지 모른다. 따라서 어린 시절에는 다양한 체험을 통해 낯선 것에 대한 거부감을 줄이고, 새로운 것을 즐길 수 있게 해야 한다. 비록 직업으로 연결되지는 않더라도, 취미가 되어 삶을 풍요롭게 하고 자신만의 무기가 될 수 있다.

아이가 다양한 체험이나 취미, 기술을 선택하게 할 때는 자유롭게 결정할 수 있게 하고 적절한 기준도 함께 제시한다. 예를 들어 아이가 힘들다고 쉽게 포기하지 않도록 일정 기간이나 목표를 정해 끝까지 해보게 유도하는 것이다. 이러한 경험을 통해 아이는 자율성과 책임감을 자연스럽게 배울 수 있다.

아이가 좋아한다고 해서 무분별하게 자율성을 주거나, 쉽게 흥미를 잃는다고 곧바로 새로운 선택지를 제공하는 것은 도움이 되지 않는다. 다양하게 체험을 했어도 겉핥기 식에서 그쳐 깊이 느끼거나 즐기지 못했을 가능성이 크다. 싫증을 내거나 힘들다는 이유로 금방 포기하게 되면 결국 더 큰 성취 경험을 놓치게 된다. 자율성을 줄 때는 적절한 제한을 두고, 선택에 대한 책임을 다해야 한다는 것을 알려주자.

또래 아이들과 함께할 수 있는 활동이 좋지만, 처음부터 반드시 함께해야 하는 것은 아니다. 기회를 주고 시간이 흐르면 함께할 수 있는 때가 올 것이다. 아이가 좋아하는 활동을 선택하게 하고, 일정 기간 지속할 수 있도록 지원하며, 그 과정에서 누군가와 함께할 수 있는 기회를 제공하면 아이의 자기결정 능력이 길러질 것이다.

불안한 아이를 위한 10분의 마법

스트레스는 만병의 근원이라고 한다. 어떤 사람들은 자신이 누구에게, 어떤 상황에서 스트레스를 받는지 명확히 알고 있지만, 그렇지 않은 사람들도 많다. 심지어 자신이 현재 스트레스를 많이 받고 있는지조차 모르는 경우도 많다. 실제로 성인 상담을 하면서 진행한 검사 결과에서 우울과 불안 수치가 높게 나왔을 때 "제가요? 이거 정말 제가 체크한 건가요? 이렇게 심한 줄 몰랐어요" 하면서 놀라는 경우가 적지 않다.

검사 결과에서 우울과 불안 수치가 높고 스스로 스트레스를 많이 받는 아이들은 대개 감각 민감도가 높은 경우가 많다. 어떤 특정 감각 때문인지 알지 못할 수 있지만, 여러 감각에 예민하다 보니 불편하거나 두려운 것이 많다. 그래서 같은 활동이라도 무덤덤하게 받아들이는 아이들보다 훨씬 큰 스트레스를 받게 된다.

불안이 높은 아이들 역시 스트레스에 자주 노출된다. 아직 일어나지 않은 일을 미리 걱정하고, 그 일이 실제로 벌어지면 불안은 더욱 커질 수밖에 없다.

자신에 대한 기대치가 높거나, 타인의 시선과 평가에 민감한 아이들은 스트레스 지수가 높다. 자신에게 기대치가 높은 아이는 아무리 칭찬을 받아도 자신이 설정한 기준을 충족하지 않으면 타인의 평가와 관계없이 스트레스를 받는다. 반면 시선과 평가에 민감한 아이는 타인의 반응이 자신이 기대한 만큼 나오지 않으면 만족하지 못한다. 타인의 반응에 대한 기대치가 지나치게 높은 아이는 자신을 칭찬하는 사람의 표정, 말투, 몸짓 등을 세밀하게 비교하고, 그 반응이 크지 않으면 만족하지 못한다.

완벽주의 성향의 아이는 자신과 타인에 대한 기대가 높다. 실수나 실패를 두려워하며 완벽을 추구하는 과정에서 스스로 스트레스를 받는다. 그래서 완벽주의 성향을 보이는 아이의 부모들은 "우리는 아이를 다른 사람과 비교하지 않고, 평소 칭찬을 아낌없이 하고 못한다고 한 적도 없는데 왜 아이의 자존감이 낮을까요?" 하면서 고민한다. 실제로 검사 결과, 부모의 양육 태도나 환경보다는 아이의 기질이 자존감에 더 큰 영향을 주는 경우가 많았다.

그렇다면 스트레스를 어떻게 관리할 수 있을까?

첫째, 마음챙김 시간을 만들어주자.

시간표에 학습시간과 놀이시간을 명확히 정하는 것처럼 마음챙김 시간도 정해 놓자. 마음챙김은 내 생각과 감정을 관찰하는 시간이다. 내가 지금 어떤 생각을 하고 있는지, 내 감정은 어떠한지 알아차리고, 그 감정이나 생각이 틀리지 않았음을 스스로 인정하고 응원하는 시간이다.

공부가 싫으면 안 돼. → 나 지금 공부하기 싫어.

수학은 꼭 필요해. → 수학이 너무 싫다.

엄마를 미워하지 말아야지. → 공부만 시키는 엄마가 미워.

마음챙김은 내가 느끼는 생각과 감정이 잘못되었으니 바꿔야 한다거나, 긍정적인 생각만 하는 것이 아니다. 내가 느끼는 생각과 감정을 알아차리고 표현하는 것만으로도 감정은 해소된다. 물론 내 생각과 감정을 이해해주는 사람이 있으면 더 좋겠지만, 무엇보다 중요한 것은 자신이 먼저 그것을 알아주는 것이다.

생각과 감정을 마음속에 꽁꽁 감추면, 점점 더 커져서 마음 깊숙한 곳에 무겁게 쌓이게 된다. 그 감정은 어느 순간 강하게 터져 나올 수 있다.

어릴 때부터 생각과 감정을 표현하는 법을 가르쳐주자. 표현하는 방법을 배우지 못한 아이들은 성장하면서 어휘가 늘어나고 소통 능력이 좋아져도 감정을 잘 표현하지 못하는 경우가 많다.

대부분 긍정적인 감정은 쉽게 표현하지만, 부정적인 감정은 마음속에 쌓아두기 쉽다. 부정적인 감정을 표현하면 나쁘게 보일까 봐, 누군가가 싫어할까 봐 또는 혼날까 봐 표현을 하지 않는 아이들이 많다. 긍정적인 감정은 쌓이면 밝은 에너지를 주지만, 부정적인 감정이 계속 쌓이면 마음을 어지럽히고 부정적인 생각에 빠지게 하며 나아가 몸까지 지치게 만든다.

 아이들이 부정적인 감정을 표현할 때 그 감정을 더 잘 이해하고 표현할 수 있게 도와주어야 한다. 우선 아이가 느낀 감정이 '어떤 상황에서, 누구와 있었을 때 생긴 것인지' 물어보고, 표현한 '감정 단어'가 맞는지 확인해본다. 더 정확한 단어가 있다면 함께 찾아보고, 부정적인 감정을 정확하게 표현할 수 있도록 도와준다. 그 후 아이의 감정을 인정하고 이해해주면 아이는 자신이 표현한 감정이 잘못된 것이 아니라고 느끼게 된다. 이 과정을 거치면 부정적인 감정에 휘말리지 않고 속상한 마음이 차츰 가라앉으며 풀리게 된다.

 요즘 아이들은 기분이 나쁠 때 모든 부정적인 감정을 간단히 '짜증 난다'라고 표현하는 경우가 많다. '개'자를 붙여 '개짜증 난다, 개피곤하다, 개힘들다, 개화난다'와 같이 기분 나쁜 감정을 강조하기도 한다. 이와 비슷하게 모든 감탄사를 대신해 '대박'이라는 단어를 사용하기도 한다.

 많은 부모들이 문해력과 사고력의 중요성은 잘 알고 있다. 그래서 독서, 논술, 토론을 시키면서 독서 시간이 적당한지, 읽은 내용을 요약하고 생각을 적을 수 있는지, 다양한 관점에서 해석할 수 있는지 등을 신경 쓴다.

 하지만 부모들이 아이가 자신의 감정을 이해하고 표현하며, 타인의 감정을 받아들이는 능력에 대해서는 챙기지 못할 때가 많다. 앞으로는 문해력과 사고력뿐만 아니라, 자신과 다른 사람의 감정을 이해하고 받아들이는 능력도 중요하다. 이 능력은 사회성의 바탕이 되고 나아가 학습에도 긍정적인 영향을 준다.

아이들이 자신의 생각과 감정을 알아차리고 표현하는 것이 서툰 이유는 무엇일까? 그 이유는 부모들조차 자신의 감정을 잘 인식하지 못하고 표현하는 데 어려움을 겪기 때문이다. 예전에는 부정적인 감정을 다른 사람에게 드러내지 않고 혼자 참거나 숨기는 것이 당연하다고 생각했다. 이런 생각은 조부모 세대부터 이어져 온 것이다.

검사를 통해 부모와 아이의 기질적 특성을 살펴보면 부모가 감정을 억누르고 타인에게 드러내는 것을 불편해하는 성향이 강하면, 자녀도 감정을 표현하지 않고 억압하며 쌓아놓기만 한다. 쌓인 감정을 어떻게 처리해야 할지 모르기 때문에 혼자 괴로워하거나 감정을 한꺼번에 쏟아내어 서로 상처를 주기도 한다.

내가 감정적일 때 왜 이런 감정을 느끼게 되었는지, 지금 느끼는 감정이 무엇인지 아이에게 설명해본 적이 있는지 점검해볼 필요가 있다. 만약 그런 경험이 없다면 감정이 격해진 아이에게 "무슨 일이 있었어? 왜 이러는 거야?"라고 물어도 아이는 대답할 방법이 없다. 아이는 그런 감정을 어떻게 표현해야 하는지 배운 적이 없기 때문이다. 아이는 그저 부모처럼 감정을 쏟아낸 것일 뿐이다.

부모도 아이와 함께 마음챙김 시간을 갖고, 감정을 표현하는 연습을 함께해보자.

영유아

악기로 표현하기

탬버린, 피아노, 북 등 악기를 '약하게' 또는 '강하게' 두드리면서 말한다.

"마음이 두근두근, 마음이 콩닥콩닥, 마음이 쿵쾅쿵쾅!"

낮은 음 또는 높은 음을 누르면서 말한다.

"오늘은 가족이 함께 놀러 가서 기분이 좋아. 구름처럼 떠다녀."

색깔로 표현하기

'분노(빨강) - 슬픔(파랑) - 평온(노랑) - 기쁨(녹색)'과 같이 기분과 색깔을 연결 지어 분류하고 감정을 색깔로 표현한다.

"오늘 엄마의 기분은 기쁨의 녹색이야."

"엄마의 화난 목소리에 내 마음은 슬픔의 파랑이 되었어요."

"아빠가 부드럽게 웃어서 내 마음은 평온의 노랑처럼 따뜻해졌어요."

얼굴 표정으로 표현하기

가족이 각자 '웃는 표정, 찡그린 표정, 무표정한 표정, 울고 있는 표정'을 지어 보거나, 이 모습을 사진으로 찍어두면 감정을 더욱 재미있게 표현할 수 있다.

초등

예일대 감성지능센터장 마크 브래킷(Marc Brakett) 교수는 무드미터(mood meter)라는 도구를 만들었다. 이는 4개의 색상으로 나뉘어져 있고, 각 색상은 25개의 감정 단어로 구성되어 총 100개의 감정 단어가 포함되어 있다.

아이와 함께 무드미터를 살펴보면서 알고 있는 감정 단어를 체크하고, 의미를 설명할 수 있는지 확인한다. 그리고 각 단어를 정확히 이해하고 설명할 수 있도록 알려준다.

아이가 감정을 표현할 때는 알고 있는 단어를 통해 기분을 나타내고 그와 유사한 감정 단어를 함께 말해주는 방법이 효과적이다. 예를 들어 아이가 "오늘 발표를 못할까 봐 겁이 났어"라고 말했다면 "엄마도 겁이 났을 거 같아. 발표하기 전에 초조했을 거야" 혹은 "엄마도 겁이 났을 거 같아. 발표하기 전에 안절부절못했겠지"와 같이 유사한 감정으로 표현해주는 방식이다.

자신의 감정을 무드미터로 표현하고 이유를 함께 말하거나 적는 방법도 도움이 된다. 예를 들어 아이가 '기쁘다'는 감정을 표현할 때 "오늘 학교에서 친구랑 재미있게 놀아서 기뻤다"와 같이 감정과 이유를 적는 방식으로 시작해 다양한 장소와 상황에 맞춰 점차 감정 단어를 확장해 나갈 수 있게 한다.

중고등

갑자기 일기를 쓰라고 하면 싫어할 수 있다. 그래서 일기 쓰는 습관은 미리 길러주는 것이 효과적이다. 사춘기 전에 감정을 글로 표현하고 자신의 기분을 인식하는 연습을 하면 마음이 가벼워지고 긍정적인 힘을 얻을 수 있다고 이야기해주자.

여학생이라면 초경이 시작될 때 비밀노트나 다이어리 같은 선물을 주는 것도 좋은 방법이다.

"엄마, 아빠에게 말하지 못할 것들은 이 노트에 적어. 혼자 간직하고 싶은 마음을 적어 놓으면, 볼 때마다 내 마음을 알아주는 내가 있다는 걸 느낄 수 있을 거야."

남학생이라면 면도나 넥타이 매는 방법 등 일상적인 것들을 가르쳐 주면서 감정을 표현하는 법도 함께 알려줄 수 있다.

"답답해도 털어놓을 사람이 없을 때가 있어. 그럴 때 글로 쓰면 좋아. 내가 나에게 힘을 줄 수 있거든."

가족이 함께하는 저녁 식사 시간을 활용할 수도 있다. 특별한 대화가 없어도 괜찮다. 만약 분위기가 삭막하거나 조용해서 불편하다면 아이에게 "오늘 뭐 했어?", "숙제했어?"라고 묻기보다는 먼저 부모의 일상에 대해 이야기해보자.

"오늘 회사에서 힘들었어."

"오늘 점심이 생각보다 별로였어. 너는 뭐 먹었어?"

"출근할 때 날씨가 너무 좋았어. 아침에 어땠어?"

이런 식으로 시작하면 아이가 말이 없어도 자연스럽게 대화를 이어갈 수 있다.

이처럼 일상에서 자연스럽게 대화하고 글을 쓰는 습관을 들이면 감정을 표현하는 데 도움이 된다.

둘째, 비교하는 습관을 버리자.

타인과 나를 비교하는 것은 마치 돈을 주고 스트레스를 사는 것과 같다. 일부 아이들은 타인의 시선과 평가에 특히 민감하지만, 그렇지 않은 아이들도 부모가 자신과 타인을 비교하면 자신의 장점보다 단점에 더 집중하게 되고 스트레스를 받게 된다.

부모가 비교하지 않아도 SNS는 아이들이 스스로 남과 자신을 비교하도록 만든다. SNS 사용 시간을 줄이면 자기 자신을 돌보는 시간이 늘어나고, 더 유익한 활동에 집중할 수 있다. 이를 위해 가장 효과적인 방법은 SNS에 할애할 시간이 없도록 만드는 것이다.

SNS를 대체할 수 있는 활동을 찾으면 자연스럽게 사용 시간이 줄어든다.

부모와 아이가 비교를 멈추고 다음과 같이 자신의 성장에 집중할 때 스트레스가 줄어들고 어려운 순간에도 긍정적인 자세로 나아갈 수 있다.

- 부모가 아이를 형제나 친구와 비교하지 않는다.
- 오늘 내가 한 일을 정리해 기록한다.
- 감사한 일을 적는다.
- 오늘 자신에게 칭찬할 점을 적어본다.
- 자원봉사 활동에 참여한다.

작은 노력들이 쌓여 결국 큰 변화를 만들어낸다. 꾸준히 실천할 때 아이는 자신만의 속도로 단단하게 성장할 수 있을 것이다.

몰입할 수 있는
환경 만들기

　공부가 잘되는 환경은 공부에만 집중할 수 있도록 다른 방해 요소가 없는 환경이다. 공부 중인 아이 옆에서 청소를 하거나, 방문 밖에서 큰 소리로 통화를 하거나 TV를 보는 것 그리고 아이에게 잠시 말을 거는 것 모두 방해가 된다.

　예를 들어 아이는 문밖에서 나는 청소기 소리를 듣고 '엄마가 청소하니까 시끄럽다. 나도 청소나 할까?'라는 생각이 들 수 있다. 이런 상황은 아이가 집중하지 못하는 좋은 핑계가 될 수 있다. 연필을 깎거나 책을 정리하면서 시작을 미루거나, 공부에 집중해야 될 때 청소를 시작하기도 한다. 이 모든 행동은 공부를 미루게 하고 학습량을 줄어들게 한다.

인간작업모델(Model of Human Occupation) 이론은 사람이 일을 할 때 어떻게 선택하고 실행하는지 설명한다. 이 이론에 따르면 개인의 행동은 '작업의지, 습관화, 수행 능력'이라는 3가지 요소와 환경에 영향을 받는다. 그리고 개인에게 가치 있고 흥미 있는 작업 경험을 중요하게 여긴다.

이 이론을 적용해보면 학생에게 학습은 일과 같다. 그래서 학습도 '학습의지, 습관화, 수행 능력'과 환경에 영향을 받는다. 이 과정에서 아이에게 의미 있고 재미있는 학습 경험이 중요하다. 아이의 의지가 학습을 시작하게 만들고, 습관이 되면 학습은 점점 더 재미있고 가치 있는 활동이 된다. 그래서 집중할 수 있는 환경이 필요하다.

공부 외에 딴짓할 거리를 줄이고, 좋은 습관을 기를 수 있는 환경 조성 방법을 알아보자.

첫째, 집에서 공부 공간을 명확히 분리한다.

사회나 직장에서 역할에 맞는 공간이 중요한 것처럼, 집에서도 각자 맡은 일을 잘할 수 있도록 공간을 나누는 것이 중요하다. 해야 할 일에 맞게 공간이 구분되어 있으면, 아이는 그곳에서 자신의 일을 자연스럽게 할 수 있다. 예를 들어 식사하는 곳, 씻는 곳, 쉬는 곳, 공부하는 곳을 따로 마련하면 각 공간에서 효율적으로 활동할 수 있게 된다.

특히 아이의 생활 습관을 잡을 때 중요한 것이 바로 공간이다. "식사할 시간이야", "옷 좀 정리해", "이제 공부해야지"와 같은 잔소리를 줄이려면 좋은 습관을 미리 만들어 주어야 한다.

양치질은 욕실에서 하기, 유튜브 보지 않고 식사하기, 집에 들어오면 바로 손 씻기, 더러운 옷은 빨래바구니에 넣게 한다. 빨래바구니 하나도 공간이 될 수 있다. 이것을 어디에 두고, 어떤 활동을 어디서 할 것인지 구분해 놓으면, 집에 들어올 때나 나갈 때 동선에 따라 습관이 몸에 배게 된다.

집 안에서 거실장 구역, 신발장 구역, 서랍장 구역 등을 명확히 구분하면 가족들이 엄마에게 "이거 어디에 있어?", "이거 어디에 놓을까?" 하고 묻는 일을 줄일 수 있다. 또한 각자가 필요한 물건을 쉽게 찾고, 사용한 후에는 제자리에 놓는 정리 습관도 길러질 것이다.

이러한 일들을 단순한 집안일로 여겨서는 안 된다. 미리 공간을 구분해놓고, 그 공간을 함께 사용하는 가족이 각자 필요한 것을 찾고 물건을 사용 후에는 다른 사람이 쓸 수 있도록 제자리에 놓는 습관을 들여야 한다.

식구가 4명이고 각자 공간을 마련하려면 100평 이상의 집이 필요할 것 같다고 생각할 수 있지만, 그런 것은 아니다. 공용 공간을 활용하면 충분히 해결할 수 있다. 또한 아이의 기질에 맞게 공간을 분배하는 것도 중요하다. 혼자 방에서 공부하지 않는 아이, 목표 설정이 어려워 집중하는 시간이 짧은 아이에게는 거실이 공부방으로 적합할 수 있다.

둘째, 집을 깨끗하게 유지한다.

공간을 잘 분리해 놓으면 많은 물건들이 제자리를 찾게 되어 집이 깨끗해진다. "정리해", "제자리에 놔", "깨끗이 치워"는 사실 모두 같은 의미의 말이기 때문이다. 주변에 시선이 분산될 만한 것이 없으면 우선순위에 따라 일을 더 효율적으로 할 수 있다.

집은 가족 모두에게 안정되고 휴식을 취할 수 있는 공간이 되어야 한다. 만약 집이 지저분하고 정리정돈이 되어 있지 않으면 집중하기 어려워진다. 집이 깨끗하면 아이의 생활 습관도 잘 잡히기 때문에 공부할 때 주변 정리를 시작하는 등 시간을 낭비하지 않게 된다.

우리가 새로운 일을 시작할 때 첫날에는 보통 계획을 세우고 정리를 하면서 시간을 보내게 된다. 그런데 평소 정리가 잘 되어 있으면 첫날부터 빠르게 시작할 수 있고, 그만큼 더 많은 일을 해낼 수 있다.

아이들에게 정리하라고 잔소리하기 전에 함께 사용하는 공간이 먼저 잘 정리되어 있는지 확인해보자. 아이가 그 공간에서 물건을 사용하고 제자리에 두는 경험을 자주 한다면, 정리하는 습관을 만들어주기 쉬울 것이다.

셋째, 해야 할 일이 눈에 보이게 한다.

아이들의 신체는 항상 바쁘다. 눈은 끊임없이 다양한 것을 보고 귀는 여러 소리를 듣느라 쉬지 않는다. 바쁜 눈과 귀가 조금이라도 오래 머물도록 하는 것이 주의력이다. 어떤 과제든 눈과 귀를 집중하고, 시행착오를 겪더라도 포기하지 않고 끝까지 해내는 경험이 아이의 인내력을 키운다. 학교에서 선생님들이 "주목!"이라고 외치는 것도 같은 이유다. 눈과 귀가 다른 곳을 향하고 있으면 중요한 내용을 놓치기 쉽다.

부모가 아무리 잔소리를 해도 아이들은 흘려듣거나 필요한 부분만 골라 듣는다. 아이의 뒤에서 백번 이야기해도 효과가 없었던 경험이 있을 것이다. 목소리를 높여도 효과가 없다면 아이의 눈과 귀를 어떻게 주목시킬 수 있을까?

먼저 시각적인 요소를 활용해보자. 말을 길게 해봐야 효과가 없으므로, 아이가 직접 읽고 과제를 수행하며 스스로 체크할 수 있도록 유도하는 방법이다.

넓게 보면, 가훈부터 시작할 수 있다. 예로부터 집에 들어오면 가장 눈에 잘 보이는 중앙 높은 곳에 가훈을 걸어두곤 했다. 이는 가족이 지켜야 할 도덕적인 가치를 보여주어 사회생활의 기본이 되도록 하기 위함이었다.

일상에서는 생활계획표를 활용할 수 있다. 아이 방에서 잘 보이는 곳에 계획표를 붙이고, 아이뿐만 아니라 부모의 생활계획표나 주간계획표도 공유하면 더 효과적이다.

부모가 일하고 집에 들어오는 시간, 가족이 함께하는 저녁 시간 등을 알면 아이는 부모와의 시간을 예상하고 기대할 수 있다. 또한 부부간에도 일정을 나누어 양육과 교육을 더 효율적으로 할 수 있다.

냉장고 앞에 식단을 붙여두는 것도 좋은 방법이다. 원하는 음식이나 식단을 적어두면 규칙적인 식습관을 만들 수 있고, 저녁 식사 시간에 가족끼리 소통하고 정서적으로 가까워질 수 있다.

생활계획표를 더 세분화해 씻기 순서를 욕실 거울에 붙이는 것도 효과적이다. 특히 어린아이들은 씻는 것을 싫어하거나, 씻으면서 딴짓을 하다가 시간을 보내는 경우가 많다. 이때 '씻는 순서'와 '양치질 순서와 시간'을 글이나 그림으로 거울에 붙여두면 아이가 쉽게 익히고 실천할 수 있다.

가족 게시판을 만드는 것도 좋은 방법이다. 서로에게 바라는 점이나 칭찬하고 싶은 점, 전하고 싶은 말을 글로 남기면 단순히 말로 전하는 것보다 더 효과적으로 전달될 수 있다.

말로 하면 아이가 쉽게 흘려듣거나, 같은 말을 반복하다가 목소리만 커지는 경우가 많다. 이제는 직접 적어보자. 그림으로 표현해도 좋다.

잘 보이는 곳에 붙여두고, 아이가 자연스럽게 읽고 스스로 체크할 수 있도록 유도해보자. 불필요한 잔소리와 반복하는 말을 줄일 수 있을 것이다.

스스로 챌린지

준비물 시계, 할 일 목록

활동목표

1. 아이가 할 일 목록을 만들고 지킬 수 있도록 돕는다.
2. 할 일 목록을 확인하고, 바로 실행하도록 유도한다.
3. 아이가 완료한 일을 체크하며 성취감을 느끼게 한다.

할 일 목록을 크게 '스스로 씻기', '스스로 옷 입기', '스스로 준비하기'로 나누고 모두 마쳤을 때 종이에 도장을 하나씩 찍을 수 있게 한다. 또는 다음과 같이 할 일 목록을 더 세분화하여 하나씩 체크하는 방법도 있다.

예) 욕실 거울에 붙이는 할 일 목록

양치하기

세수하기

수건으로 얼굴 닦기

옷장에 붙이는 할 일 목록

속옷 갈아입기

윗옷 입기

바지 입기

양말 신기

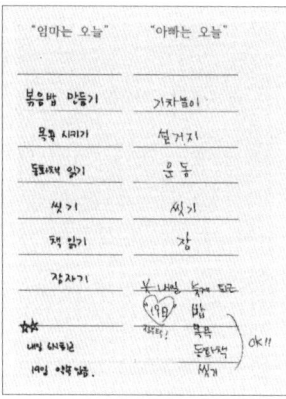

부모의 할 일 목록

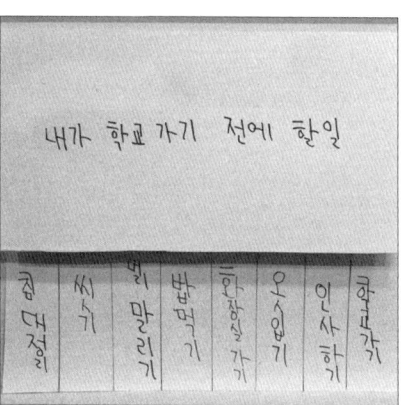

아이의 할 일 목록

간호사 팔찌로 하루 계획하기

준비물 간호사 팔찌

활동목표

1. 활동 전날, 다음 날 해야 할 일을 미리 생각하며 아이가 직접 적게 한다.
2. 빠트리는 일 없이 시간을 지키며 할 일을 하도록 유도한다.
3. 완료한 일을 체크하며 성취감을 느끼게 한다.

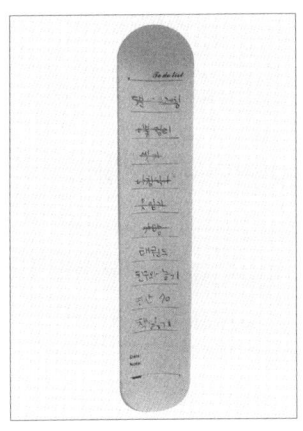

간호사 팔찌 　　　　　간호사 팔찌 착용

공부를 방해할 수 있는 요소를 제거하고, 오늘 해야 할 일과 지금 당장 해야 할 일을 눈에 잘 띄게 정리해 즉시 실천할 수 있도록 했는데도 여전히 아이와의 전쟁이 끝나지 않거나, 학습에 어려움을 겪고 있다면 다음 방법을 활용해보자.

넷째, 환경에 변화를 주어 기분을 환기시킨다.

아이와 내가 너무 다르게 느껴지고, 양육이 어렵고 힘들게만 여겨진다면 아이를 키우는 일이 온전히 나의 책임이라는 생각에서 벗어나 보자. 아이와 자주 부딪히고, 집에서 웃는 날보다 화내고 짜증 내는 날이 많아 직장보다 집이 더 힘든 곳처럼 느껴진다면 내가 모든 것을 해내야 한다는 생각을 버리자.

나와 맞지 않거나 내가 즐겁지 않은 일이라면 다른 사람의 도움을 받아도 괜찮다. 아이가 하고 싶어 하지 않는 것들도 즐겁게 할 수 있도록 도와줄 수 있는 선생님을 찾아보자.

요즘은 아이를 위한 다양한 사람들과 공간이 많다. 내가 어렵게 책임지려 했던 일이 다른 사람들에게는 신나고 즐겁게 할 수 있는 일이 될 수 있고, 아이에게도 나와 함께하는 것보다 더 즐겁고 많은 것을 배우는 시간이 될 수 있다.

아이와 집에서 자주 문제가 생기고, 나도 모르게 짜증을 내거나 소리를 지르게 된다면, 아이를 다른 공간으로 보내자. 잠시 떨어져 있다고 결코 아이에게 소홀한 것이 아니다. 이는 방임이 아니라, 아이가 새로운 환경에서 즐겁게 시간을 보내며 배우고 성장할 기회가 될 수 있다. 각자 시간을 보내고 다시 만난 엄마와 아이가 집에서 함께 웃을 수 있다면 그것만으로도 충분히 좋은 일이다.

집에서 공부하는 아이에게 때때로 새로운 환경이 필요하다. 장소를 바꾸는 것만으로 신선한 자극이 되어 능률이 올라갈 수 있다.

평소 집에서 공부하는 아이라면 외부에 공부 공간을 마련해보자. 도서관이나 카페 어디든 좋다. 집이 아닌 곳에서 색다른 편안함을 느낄 수 있고 집중력이 오를 수 있다.

만약 누군가의 감독이 필요하거나 타인의 시선 속에서 잘 집중하는 아이라면 학원이나 스터디카페를 활용하는 것도 좋은 방법이다. 공부하는 분위기 속에서 자연스럽게 자극을 받을 수 있기 때문이다.

아이가 공부를 하지도 않고, 집안 분위기마저 무거워져 서로 감정만 상하는 상황이라면, 잠시 모든 것을 내려놓고 일상에서 벗어나보자. 이번 주말을 온전히 쉬는 날로 정하거나, 오늘 오후만이라도 가볍게 나들이를 가보자. 아니면 그저 밖에 나가 풍경을 바라보며 멍하니 앉아 있는 것만으로도 충분하다.

잠시 벗어나면 다시 일상이 그리워질 수도 있고, 조금 초조한 마음이 들 수도 있다. 하지만 공부에 대한 부담이 쌓여갈 때 가끔씩 작은 일탈을 계획하는 것은 오히려 동기 부여가 되고, 새로운 원동력이 될 수 있다.

능률이 오르는
분위기 만들기

　에너지가 있어야 무슨 일이든 시작할 수 있고, 열의가 있어야 잘 마칠 수 있다. 앞서 이야기했듯이 에너지를 만들려면 기분이 좋아야 한다. 기분이 좋아야 비로소 하기 싫은 일도 해내고자 하는 의욕이 생긴다. 이를 위해서는 쉬는 시간과 노는 시간을 확보해야 하고, 하고 싶지 않은 일이 언제쯤 끝날지 알고 있어야 한다. 그래서 공부하는 시간과 노는 시간을 명확히 구분하는 것이 중요하다.

　부모도 마찬가지다. 아이와 놀아주는 시간, 업무 또는 가사를 하는 시간, 일하는 시간과 쉬는 시간을 명확히 구분해야 한다. 직장에서는 일을 마무리하고, 집에서는 아이와 함께하는 시간을 충분히 가질 수 있으면 좋다. 집이 아니더라도 충분한 휴식을 위한 시간과 공간을 마련하는 것이 필요하다. 물론 계획대로 되지 않는 경우도 많다. 그래서 부부가 시간을 분배하고, 공간을 나누어 효율적으로 활용하는 것이 중요하다.

아이는 부모가 시간과 공간을 어떻게 활용하는지, 일과 휴식을 어떻게 조절하는지, 자신과 함께하는 시간에 부모가 어떤 태도를 보이는지 모두 관찰하고 배운다.

규칙적으로 시간 관리를 하려면

성인은 꿈꾸는 삶이나 원하는 목표를 이루기 위해 스스로 노력한다. 하지만 아이는 아직 그렇지 않다. 공부를 빨리 끝내고 놀기 위해 노력할 때가 많다. 아이에게 가장 큰 동기 부여는 '노는 시간'이다. 놀기 위해 공부하는 것은 나쁜 것이 아니다. 그래서 아이가 마음껏 놀 수 있도록 쉬는 시간과 노는 시간을 정하고 반드시 지켜 주어야 한다.

가장 먼저 지켜야 할 것은 아이의 취침 시간을 정하고, 그 시간이 자주 바뀌지 않도록 하는 것이다. 발달 및 행동소아과 저널에 실린 펜실베이니아 주립대학교의 연구 결과에 따르면 아이의 취침 시간이 불규칙해질수록 행동이나 감정조절 능력이 떨어진다고 한다. 규칙적인 수면은 아이의 사회성을 높이고, 나이에 맞게 발달하는 데 기본이 된다. 또한 부모가 계획을 세우고 일관된 태도를 보이는 것이 아이가 행동을 조절하는 데 도움이 된다고 한다.

공부 시간과 쉬는 시간 구분하기

30분 공부 후 10분 쉬게 한다. 포모도로(Pomodoro) 기법을 적용해 25분 동안 집중해서 공부한 후 5분씩 짧게 쉬고, 네 번 반복 후에는 20분간 길게 휴식을 취하는 방법도 있다.

활동 구분하기

공부할 때는 책상에서만 공부하고, 쉬는 시간에는 거실에서 놀게 한다. 공부할 때는 스탠드 조명을 켜고, 쉬는 시간에는 조명을 끄는 등 같은 환경을 구분하는 방법도 있다.

공부하는 내 모습 객관화하기

공부 시작부터 끝날 때까지 모습을 핸드폰으로 녹화해 보면서 한 번에 집중하는 시간은 얼마나 유지되는지, 공부하는 동안 시간을 몇 번 확인했는지 객관적으로 체크한다.

스스로 목표 설정하기

특정 단원이 끝날 때까지 집중해서 공부하고, 완료 후에는 쉬게 한다. 목표를 달성한 뒤에는 좋아하는 간식 등을 보상으로 주어 목표를 이루는 기쁨을 느낄 수 있도록 한다.

책 읽는 즐거움을 선물하는 법

요즘 아이들은 언제 어디서나 전자 미디어에 노출되어 있다. 코로나로 인해 온라인 수업이 당연해졌고, 많은 과제와 학습이 전자 미디어 없이는 어렵게 만들어졌다. 그러다 보니 공부뿐만 아니라 취미활동, 친구들과의 교류, 단체생활까지도 전자 미디어를 통해 이루어지고 있다.

하지만 학교에서 배우고 시험을 치르는 방식은 여전히 책을 중심으로 이루어진다. 그래서 책을 읽고 내용을 이해하며, 핵심을 파악하고 문제를 해결하는 능력이 필요하다.

전자 미디어로 하는 읽기와 요약 정리는 책과 다르다. 전자 미디어는 중요한 내용을 빠르게 찾아 정리하는 데 도움을 주지만, 그 과정이 생략되기 쉬워 깊이 있는 학습이 어렵다. 반면 책은 읽으면서 직접 핵심을 찾고 이해하며 정리하는 연습을 하게 된다. 이 과정에서 중요한 내용을 기억하고 필요할 때 꺼내 활용하는 능력이 길러진다.

전자 미디어에 과도하게 노출되는 것은 아이들만이 아니다. 부모들도 일상에서 전자 미디어를 끊임없이 사용하고 있다. 일할 때는 물론이고, 쉬는 시간이나 길을 걸을 때도 핸드폰을 손에서 놓지 않으며, 심지어 없으면 불안함을 느낀다.

아이에게 공부하고, 숙제하고, 책을 읽으라고 말하면서 정작 우리는 핸드폰만 들여다보고 있다면, 아이가 불만을 갖는 것은 당연하다. 상담에서 아이들에게 부모가 가장 좋아하는 것을 그려보라고 하면 핸드폰을 손에서 놓지 않는 모습이 빠지지 않고 등장한다. 또 부모에게 전하고 싶은 말을 물어보면 "저도 마음껏 핸드폰 하고 싶어요. 엄마, 아빠는 자유롭게 하면서 저만 못하게 해요"라는 답이 자주 나온다.

아이에게 책을 읽으라고 강요하기보다 부모가 먼저 책을 읽는 모습을 자주 보여주는 것이 더 효과적이다. 자연스럽게 독서가 아이의 취미가 되고 스트레스를 푸는 방법이 된다면, 긴 글을 읽는 것도 어렵게 느껴지지 않을 것이다.

책을 읽는 과정에서 아이의 뇌는 이해하고, 요약하고, 중요한 내용을 기억했다가 활용하는 연습을 하게 된다. 이러한 사고 과정이 자연스럽게 이루어질 수 있도록 아이에게 독서할 기회를 적극적으로 만들어 주어야 한다.

전자 미디어 사용 시간 제한하기

하루 최대 1시간만 핸드폰과 태블릿을 사용할 수 있도록 제한하고, 전자 미디어를 사용한 후에는 30분 동안 책을 읽는 규칙을 정한다.

책 읽기 보상시스템

책을 한 권 읽을 때마다 목록을 작성하고 10권을 완독하거나, 도서관에서 읽고 싶은 책을 목록으로 만든 뒤 한 권씩 읽을 때마다 스티커를 붙여 10개를 모으면 원하는 책을 선물해준다.

가족 독서 시간

저녁 식사 후 가족이 함께 모여 30분 동안 책을 읽거나, 주말마다 가족 독서 시간을 정해 함께 책을 읽고 이야기 나누는 시간을 갖는다.

친구 관계가 공부에 미치는 영향

아이가 스스로 공부하고 싶어 하지 않을 때 책상에 앉히는 것은 쉽지 않다. 꼭 필요한 말이라도 부모가 하면 잔소리로 들리고, 부모가 하라고 하면 강요처럼 느껴질 수 있다.

아이들은 부모보다 선생님의 말을 더 잘 듣는 경우가 많다. 하지만 초등학교 저학년을 지나면 선생님의 영향력도 점점 줄어들 수 있다. 선생님을 무서워하지 않거나, 인정받고 싶어 하지 않는 아이는 어떻게 학습 분위기를 만들어 주어야 할까?

아이들은 어른들의 조언보다 또래 친구들의 말을 더 신뢰하고 따르는 경향이 있다. 따라서 공부 습관이 잘 형성된 친구를 곁에 두는 것이 좋다. 지금 당장 성적이 뛰어나지 않더라도 학습 습관이 제대로 잡혀 있는 아이는 결국 좋은 결과를 만들어낸다.

시간을 내어 아이와 함께 도서관에 방문해 아이들을 관찰해보자. 평일 오후에 도서관에 가면 보통 4~6명의 아이들이 모여 책을 읽거나 학습 공간에서 활동하는 모습을 볼 수 있다.

그중 어떤 아이는 새로운 친구가 오면 반갑게 인사하고, 다른 아이와 수다를 떨다가 간식 시간이나 식사 시간이 되면 곧장 따라 나간다. 반면 또 다른 아이는 주변의 움직임에 크게 신경 쓰지 않고 할 일에 집중하다가, 누군가가 함께 나가자고 해도 "아직 할 일이 남았다"며 끝까지 자신의 일을 마친다.

어떤 아이와 친구가 되는 것이 더 좋을지 고민하지 않아도, 부모라면 주위에 흔들리지 않고 자기 할 일을 끝까지 해내는 아이와 친구가 되기를 바랄 것이다.

요즘 아이들은 자연스럽게 친구를 사귀기 어렵다. 그래서 부모의 역할이 더욱 중요해졌다. 내향적인 엄마들은 아이에게 친구를 만들어주는 과정이 부담스럽게 느껴질 수 있다. 그러나 엄마가 먼저 또래 부모들과 친해지면, 그 과정에서 아이들끼리도 자연스럽게 무리가 형성되는 경우가 많다.

아이도 부모를 닮아 내향적이라 친구를 사귀는 것이 어렵다면, 부모가 적극적으로 나서서 친구를 만들어주는 노력이 필요하다. 힘들더라도 아이가 친구를 만날 수 있는 기회를 가질 수 있게 해주어야 한다. 내향적인 부모와 아이는 밖에 나가서 사람을 만날 때 신경 쓸 일이 많아 쉽게 지칠 수 있지만, 그럼에도 불구하고 아이가 고립되지 않도록 노력해야 한다. 친구를 사귀기 어려워하는 아이들도 친구를 원하는 마음은 크기 때문이다.

만약 아이가 친구들과 어울리지 못하면 학교나 학원을 점차 싫어하게 될 가능성이 크다. 장소에 대한 부정적인 감정은 학습에 방해가 될 수 있다.

따라서 부모는 미리 대비해야 한다. 아이가 공부 때문에 학교나 학원에 가기 싫어하더라도, 친구를 만나러 가는 즐거움이 있어 가고 싶어지도록 만들어야 한다. 친구들과 함께 어울리며 고민을 나누고 스트레스를 해소할 수 있다면, 공부에 대한 부담이 줄어들고 하기 싫은 일도 더 능률적으로 할 수 있게 될 것이다.

4장

공부 약점 극복하기

지능 지표별
강점과 약점 찾기

　지능이 높다고 모두 공부를 잘하는 것은 아니다. 심리학자 루이스 터먼(Lewis Terman)의 연구에 따르면 높은 지능지수(IQ)를 가진 아이들이 모두 학업이 우수한 것은 아니었고, 추적 관찰한 결과 성인이 된 후에도 사회적으로 반드시 성공한 것도 아니었다. 물론 지능이 낮은 사람보다 지능이 높고 다양한 영역이 고르게 발달되어 있으면 유리할 수 있지만, 공부에서 지능이 가장 중요한 요소는 아니다.

　지능보다 더 중요한 것이 기질이다. 예를 들어 새로운 자극을 좋아하는 아이는 공부보다 더 재미있는 것에 관심을 쉽게 빼앗긴다.

하고 싶은 일을 즉시 해야 만족감을 느끼기 때문에 공부 시간을 놓치거나 학습에 집중하기 어려울 수 있다. 이런 아이들은 충동적이고 자유로운 성향이 강해 계획적으로 공부하는 것이 쉽지 않다.

반대로 자극을 덜 추구하는 아이는 규칙과 질서를 중시하며, 정해진 계획을 따를 때 안정감을 느낀다. 이런 아이들은 누군가 시키지 않아도 숙제를 꼬박꼬박 해내고, 스스로 계획을 지키지 않으면 불안함을 느낀다. 그래서 규칙성이나 주의력이 낮다면, 아무리 지능이 높아도 학습을 효율적으로 할 수 없다.

공부의 본질을 보면 반복적인 암기 과정이 많다. 지루함을 참아가며 꾸준히 학습하는 것이 중요한데, 민감도가 높고 자유로운 성향을 가진 아이는 지루한 것을 견디기 어려워한다. 그래서 뛰어난 지능을 갖고 있어도, 집중력을 유지하지 못하면 공부에서 좋은 결과를 내기 어렵다.

아이를 보며 '똑똑한 것 같은데 왜 공부를 못할까?' 또는 '왜 공부하는 걸 싫어할까?' 하는 의문이 든다면, 먼저 아이의 기질을 파악하고 이해해야 한다.

기질을 이해한 후에는 아이의 지능이 공부에 적절히 활용되고 있는지 살펴볼 필요가 있다. 지능이 높더라도 특정 지능 요소 간의 편차가 크면 학습 효율이 떨어질 수 있다. 또한 공부에 필수적인 요소들이 부족하거나 약하면 아이가 자신의 능력을 온전히 발휘하기 어려울 수 있다.

아이에게는 분명히 강점과 약점이 공존한다. 따라서 약점인 부분을 찾아 어떻게 보완해줄 수 있을지 고민하고 도와주어야 한다. 지능 검사를 활용하면 아이의 강점과 약점을 보다 명확하게 파악할 수 있고, 부족한 부분을 보완해 균형 있는 발달을 도와주면 학습이 훨씬 더 수월해질 것이다.

지능 검사는 아이의 인지 능력을 평가하는 표준화된 도구로 연령에 따라 적합한 검사가 다르다.

- 만 2세 6개월~7세 7개월: 한국 웩슬러 유아 지능 검사 (K-WPPSI)
- 만 6세 0개월~16세 11개월: 한국 웩슬러 지능 검사(K-WISC)

연령에 맞는 검사를 통해 전체 지능지수를 파악한 후에는 또래와 비교하기보다 아이의 강점과 약점을 정확히 이해하고 보완해주는 것이 중요하다.

지능 검사는 5가지 지표로 지능 수준을 확인한다. 지능의 5가지 지표는 '언어이해, 시공간, 유동추론, 작업기억, 처리속도'이다.

언어이해 지표

언어이해 지표는 언어적 추론, 이해, 개념화, 단어 지식 등을 기반으로 언어 능력을 측정한다. 이는 후천적인 지능 요인으로, 구조화된 문제의 해결 능력을 평가하고 언어적 요소(언어의 수용과 표현)들을 살펴본다. 이 지표는 '공통성, 어휘, 상식, 이해' 검사로 평가한다.

언어이해 지표에서는 타인과 대화하고 사회적으로 교류할 수 있는 자원이 적절하게 있는지 확인할 수 있다. 또한 내포된 뜻을 알아차리고 핵심을 파악하여 빠르게 대처할 수 있는 유연성도 평가한다. 이 지표는 아이가 대화를 통해 사회적 상호작용을 원활하게 할 수 있는 능력을 점검하는 데 유용하다.

언어이해 지표를 통해 가정의 학습 분위기와 아이의 학습에 대한 적극성도 알 수 있다. 학령기에는 학습에 적합한 환경이 아이의 학습량과 효율성을 높여줄 수 있다.

하지만 학령기 이전에는 다양한 문화적 경험을 제공하는 것이 먼저다. 아이에게 많은 장소를 보여주고, 다양한 이야기를 나누며, 궁금한 것들에 대해 질문하고 대답할 수 있게 해주는 것이다. 독서를 하고 부모와 함께 노는 경험도 중요한 부분을 차지한다.

이러한 문화 경험과 학습 분위기, 독서, 놀이가 아이의 어휘력을 높이고, 어휘를 활용하여 추론할 수 있는 능력을 길러준다. 또한 다양한 상황을 이해하고 문제 상황에 대처할 수 있는 표현 능력을 키워준다.

언어적 이해와 표현이 빠르고, 자신의 생각과 느낌을 잘 전달하며 의사소통 기술이 뛰어나다면, 언어이해 지표가 높은 아이일 것이다. 반대로 묻는 질문에 제대로 대답하지 못하거나 연관성이 없는 말을 하거나, 흐지부지 넘어가는 등 엉뚱한 말과 행동을 보인다면 언어이해 지표가 낮을 가능성이 있다.

만약 아이가 또래와 어울리거나 사람들 앞에서 말할 때 유창성이 부족해 보이지만, 지능 검사 결과 언어이해 지표에 문제가 없다면 아이가 언어이해 능력에 문제가 있는 것이 아니라 기질적인 특성이나 심리적인 원인 때문일 가능성이 높다.

시공간 지표

시공간 지표는 시공간 조직화 능력, 전체와 부분의 관계를 통합하고 종합하는 능력, 시각적 세부 사항에 대한 주의력, 시각-운동 협응 능력 등을 측정한다. 이 지표는 '토막 짜기, 퍼즐' 검사로 평가한다.

시공간 지표는 수학과 깊은 관련이 있다. 수학에서는 도형이나 기하학, 미적분 같은 개념들이 시공간 지표와 연결되기 때문에 시공간 지표가 높은 아이는 수학을 잘할 가능성이 높다. 반면 시공간 지표가 낮으면 초등 저학년 수학은 큰 문제가 없지만, 고학년이 되면 입체도형 문제 같은 공간지각 능력이 필요한 문제에서 고충을 겪을 수 있다. 또한 중학교 과정에서 수, 확률, 도형을 추론하는 데 어려움이 생겨서 수학을 포기할 수도 있다.

시공간 지표 검사 중 토막 짜기 검사는 다른 검사들보다 먼저 제시된다. 아이들은 검사를 받는 것 자체가 긴장될 수 있기 때문에 흥미를 느끼고 긴장을 풀 수 있도록 설계된 과제이다.

만약 시공간 지표에 큰 문제가 없는데도 토막 짜기 점수가 낮다면 긴장해서 영향을 받았을 수 있다. 이런 경우에는 기질이나 성격 검사, 심리 검사와 함께 결과를 종합적으로 살펴봐야 한다.

어릴 때부터 아이들이 많이 접하는 퍼즐 놀이, 블록 놀이, 종이 접기와 같이 소근육을 키울 수 있는 활동들은 시공간 능력을 향상시킨다. 또한 정글짐을 오르내리거나 축구, 야구, 농구와 같은 몸을 움직이는 활동도 도움이 된다. 일상에서 신발끈 묶기, 단추 꿰기, 지퍼를 여닫는 등의 활동도 시공간 능력을 높이는 데 효과적이다.

소근육과 대근육을 포함한 모든 활동은 손이나 발이 하는 일에 눈이 함께 협력해야 하며, 손이나 발이 어떤 과제를 완성하는 과정에서 손과 눈, 발과 눈의 협응 능력이 발달한다. 이 과정을 통해 시공간 능력을 키울 수 있다.

유동추론 지표

유동추론 지표는 귀납적 추론, 양적 추론 능력, 전반적인 시각 지능, 동시처리, 개념적 사고, 추상적 사고 능력 등을 측정한다. 이 지표는 '행렬추리, 무게 비교, 공통그림찾기, 산수' 검사로 평가한다.

유동추론 지표와 시공간 지표는 선천적 지능 영역이다. 유동추론 지표는 비언어적 영역을 평가하며 비구조화된 요인들을 살펴볼 수 있다. 타고난 지능이 뛰어난 아이들은 일반적으로 시공간 지표와 유동추론 지표가 높다.

언어이해에서 언어의 이해와 표현 능력을 측정하는 것과 달리 유동추론 지표는 언어를 필요로 하지 않는 영역을 측정한다. 여기서는 모호하고 비구조화된 문제들을 파악하고, 이를 유추하거나 추론하여 해결하는 능력을 본다. 즉, 낯설고 새로운 과제나 모호한 상황, 문제에 직면했을 때 아이가 문제를 해결하기 위해 사용할 수 있는 전략과 대처 능력을 평가하는 것이다.

타고난 지능이 낮아서 유동추론 능력이 낮다고 할 수 있을까? 꼭 그렇지는 않다. 선천적인 지능이 높은 아이라 하더라도, 모호하고 낯선 문제에 직면했을 때 문제해결이 어렵다면 유동추론 지표에서 낮은 점수를 받을 수 있다.

유동추론 지표를 살펴볼 때 중요한 점은 후천적 지능 요인인 언어이해 지표가 타고난 지능에 맞게 잘 발달했는지 비교하는 것이다. 이를 위해 언어이해 지표와 시공간 지표, 유동추론 지표의 편차를 확인하고, 구조화된 영역과 비구조화된 영역에서 차이를 살펴보아야 한다.

유동추론 지표보다 언어이해 지표가 높다면, 아이는 명확한 지시나 규칙은 잘 따를 수 있지만, 낯설고 모호한 상황에서 문제를 해결하는 데 어려움을 겪을 수 있다.

반대로 시공간 지표와 유동추론 지표가 높고 언어이해 지표가 낮다면, 아이가 발휘할 수 있는 잠재력만큼 문화 경험, 대화, 생각과 느낌을 표현할 수 있는 기회, 독서 등이 부족했음을 의미한다. 타고난 지능이 좋다는 것은 기본적인 학습 능력이 좋다는 의미인데, 환경적으로 이를 충분히 제공받지 못했다면 안타까운 일이다.

또한 아이가 학습적 환경을 충분히 제공받았음에도 불구하고 자신이 가진 능력에 맞게 학습을 따라가지 못했다면, 이 역시 문제일 수 있다. 따라서 시공간 지표, 유동추론 지표, 언어이해 지표 간의 편차를 중요한 기준으로 삼아 이 편차를 줄이는 노력이 필요하다.

언어이해 지표, 시공간 지표, 유동추론 지표는 순수 지능으로 '일반능력 지표'로 분류하고, 작업기억 지표, 처리속도 지표는 '인지효율성 지표'로 구분된다.

인지효율성 지표는 일반능력 지표인 언어이해, 시공간, 유동추론을 얼마나 효율적으로 활용하는지 측정하는 영역이다. 아이의 일반능력 지표가 높더라도 그 능력을 효율적으로 활용하지 못하면 의미가 없다. 따라서 '일반능력 지표'인 언어이해, 시공간, 유동추론과 '인지효율성 지표'인 작업기억, 처리속도 간의 편차도 중요하다.

작업기억 지표

작업기억 지표는 주의력, 집중력, 제시되는 정보를 효율적으로 처리하기 위해 짧은 시간 동안 머릿속에 정보를 유지하는 능력을 측정한다. 이 지표는 '숫자, 그림기억, 순차 연결' 검사로 평가한다.

작업기억 능력은 학습에서 중요한 역할을 하며, 수업 중 집중하고 부주의한 실수를 줄이는 데 도움이 된다. 작업기억 능력을 훈련하면 학습 효율성을 높일 수 있다는 연구 결과가 있다.

기질적으로 주의력이 낮은 아이들은 학습에 집중하기 어려운 경우가 많다. 작업기억 지표가 낮은 아이들은 학습에만 신경을 쓰기가 힘들어 책상 위의 연필, 지우개, 책장에 있는 장난감, 외부 소리(부모의 대화, 설거지 소리, 구급차 소리) 등 주변의 자극에 쉽게 반응한다.

다른 자극에 쉽게 반응하다 보면 현재 중요한 일의 우선순위를 놓치게 된다. 시각적 주의력이 낮은 아이들은 지문을 끝까지 읽지 않고 성급하게 체크하는 경향이 있으며, 청각적 주의력이 낮은 아이들은 이미 물어본 질문을 다시 묻거나 잘못 이해하는 경우가 많다.

작업기억 지표는 중요한 정보를 선택해 기억 저장소에 보관하고, 필요할 때 빠르게 꺼내어 사용하는 능력을 의미한다. 이는 요점을 정리하고 중요한 내용을 떠올려 활용하는 능력으로, 시험을 잘 보는 데 결정적인 역할을 한다. 방대한 양의 정보를 잘 정리하여 저장해 두었다가 시험 중에 빠르게 꺼내는 능력이기 때문이다. 예를 들면 시험을 보면서 '이 내용 분명히 어디선가 봤는데 생각이 잘 나지 않네'라고 하는 경우가 작업기억 능력이 제대로 작동하지 않았을 때다.

처리속도 지표

처리속도 지표는 간단한 시각적 정보를 빠르고 정확하게 탐색하고 구별하는 능력, 정신속도와 소근육 처리속도 등을 측정한다. 이 지표는 '동형 찾기, 기호 쓰기, 선택' 검사로 평가한다.

처리속도 지표는 단순 처리속도뿐만 아니라, 능동적이고 적극적인 탐색 능력, 시각적 연결처리 능력 그리고 속도와 정확성 간의 균형을 유지하는 능력을 평가한다. 빠른 판단이 요구되는 과제에서 처리속도 지표는 중요한 역할을 한다.

처리속도 지표는 기민성, 필기 기술과 밀접한 연관이 있지만, 심리적 어려움도 이 지표에 영향을 미칠 수 있으므로 함께 확인한다. 시각-운동 협응 기능과 기민성에 문제가 없다면, 시간 압박과 같은 환경적인 긴장감이 능력 발휘에 영향을 줄 수 있다.

시간 내에 처리해야 하는 과제가 느린 경우에는 완벽주의적 성향, 필기 기술에 대한 미숙함이 원인일 수 있으며 또는 긴 시간 동안의 검사로 주의력 유지가 어려워서일 수도 있다. 따라서 앞서 언급된 검사 지표와 요소 간의 연관성을 면밀히 살펴보고 점검하는 것이 중요하다.

작업기억 지표와 처리속도 지표는 인지효율성을 나타내는 지표이다. 만약 인지효율성 지표가 일반능력 지표에 비해 낮다면, 단순히 작업기억과 처리속도만의 문제가 아닌 심리적 문제와 주의집중력 문제로 나타날 수 있다. 따라서 일반능력 지표와 인지효율성 지표의 편차를 확인하고 편차가 유의미하다면 심리적 문제와 주의집중력 문제를 더 점검할 필요가 있다.

약점
공부법

앞서 각 지능 지표별 능력, 평가 방법, 중요성에 대해 살펴보았다. 이번에는 각 지표에서 약점을 극복하는 방법과 효율적인 학습 방법은 무엇인지 알아보자.

언어이해 지표 약점 공부법

언어이해 지표는 후천적인 요인으로 문화 경험과 학습 분위기에 많은 영향을 받는다. 따라서 부모가 가정에서 아이에게 얼마나 적절하게 흥미와 관심을 끌어낼 수 있는지도 중요하지만, 아이가 다양한 경험을 얼마나 받아들이는지도 깊은 연관이 있다.

아이와 함께 길을 걷거나, 차를 타거나, TV를 보거나, 식사를 할 때 부모는 무엇을 하고 있는가? 다른 생각에 빠져 있거나 핸드폰을 들여다본다면 아이의 언어이해 능력을 확장할 수 있는 소중한 기회를 놓치고 있는 것이다.

영유아

아이들이 말을 시작하면서 가장 자주 하는 질문은 "이거 뭐야?"이다. 하지만 이 말은 아이가 부모가 했던 말을 그대로 따라 하는 것이다. 말을 막 시작한 아이에게 더 많은 말을 유도하거나, 아이가 아는지 모르는지를 확인할 때 부모는 자주 "이거 뭐야?"라고 묻는데 이것을 아이가 모방하는 것이다.

부모는 아이가 질문할 때 바로 대답하는 것보다 "이게 뭐지?" 혹은 "이건 뭐더라?"라고 되묻거나, 아이가 어설프게 말한 것은 정확하게 반복해주는 것이 좋다. 하지만 아이가 제대로 말할 때까지 되묻는 것은 오히려 아이의 입을 닫게 할 수 있으므로 주의해야 한다.

아이가 잘못 말한 것은 그대로 따라 하지 말고, 제대로 알려줘야 한다. 예를 들어 아이가 호랑이를 '사자'라고 잘못 말할 수 있지만, 그대로 따라 하지 않고 정확하게 알려준다. 제대로 알려주면 아이도 점차 구별할 수 있게 된다.

어휘가 많이 늘어났다면 비슷한 말을 알려준다.

"사과는 과일. 사과와 비슷한 것은?" "바나나, 배, 포도…."

"기차는 탈것. 기차와 비슷한 것은?" "자동차, 배, 비행기…."

"바지는 옷. 바지와 비슷한 것은?" "모자, 양말, 팬티…."

길을 걷는 동안에는 날씨와 관련된 이해, 표현, 추론 능력을 키워줄 수 있다. 다음과 같은 질문으로 자연스럽게 계절을 추론해볼 수 있다.

"오늘은 바람이 시원하다. ○○는 바람이 어때?"

"나뭇가지에 잎이 없네. 그럼 무슨 계절일까?"

"사람들이 반팔을 입었네. 지금 무슨 계절일까?"

이어 "겨울이 되면 무슨 옷을 입을까?", "이 계절은 날씨가 어때?", "이 계절 전에는 무슨 계절이었을까?"와 같은 질문을 던져 사고의 폭을 넓혀줄 수 있다.

나아가 "수영장 가는 날 날씨가 어땠지? 나뭇잎의 색깔은?", "소풍 다녀오던 날 우리는 반팔을 입었나 긴팔을 입었나?"와 같은 질문으로 아이가 더 깊이 생각할 수 있도록 이끌 수 있다.

초등 저학년

단어 탐정 놀이

단어들의 공통점을 찾으면서 아이의 사고와 언어를 확장시켜줄 수 있다.

"기차와 비행기의 비슷한 점은 무엇일까?"

"지우개와 연필의 비슷한 점은 무엇일까?"

"바지와 양말의 비슷한 점은 무엇일까?"

계절, 월, 시간 등의 개념을 확장하는 질문도 도움이 된다.

"봄은 몇 월부터일까? 여름은?"

"봄, 여름, 가을, 겨울이 지나면 1년이 되네. 그럼 1년은 몇 개월이지?"

"활엽수, 침엽수에는 어떤 나무가 있을까?"

차를 타고 가는 동안에도 상점 간판을 읽으며 '가-나-다'를 찾는 활동을 할 수 있다.

"엄마는 가구 찾았어. ○○이는 가게? 이제 '나' 자를 찾아보자."

'라, 라, 라 자로 시작되는 말'과 같은 놀이도 아이의 언어 능력을 기를 수 있는 좋은 방법이다.

단어 이어달리기

문장 하나를 고르고 자음을 활용해 아이와 번갈아 가며 단어를 만든다.

"ㅁㅈㅎㄴㄹㄱㄹㄷ"

: 문장 → 장화 → 효능 → 나라

문장 하나를 고르고, 문장 안에서 아이와 번갈아 가며 새로운 단어를 만든다.

"설명을 줄이고 지나가는 놀이처럼 받아들이게 하면 좋다."

: 명가 → 이이 → 이하 → 지하 → 하지

이외에도 예능 프로그램에서 자주 등장하는 '스피드 게임', '고요 속의 외침', '몸으로 말해요'와 같은 놀이를 활용하면, 아이가 어려워하는 어휘나 사자성어, 속담 등을 보다 쉽게 익힐 수 있다.

무엇보다 중요한 것은 이러한 활동이 공부처럼 지루하게 느껴지지 않도록 하는 것이다. 만약 아이가 마음속으로 '엄마가 또 시작이네'라고 생각하는 순간, 놀이의 의미는 사라진다. 핵심은 아이가 즐겁게 받아들이도록 자연스럽게 유도하는 것이다.

설명을 장황하게 늘어놓기보다는 가볍고 부담 없이 놀이처럼 접근하는 것이 좋다. "왜 그러냐면…", "이건 말이지…" 같은 설명을 계속하면 아이는 쉽게 흥미를 잃을 수 있다. 설명은 최소화하고, 놀이를 통해 자연스럽게 어휘를 익히게 하자. 이렇게 쌓인 어휘들은 아이의 표현력과 활용 능력을 길러줄 것이다.

초등 고학년

화제 인물 삼행시

오늘의 뉴스에서 화제가 된 인물을 정하고, 어떤 이유로 주목받았는지 살펴본다. 이후, 해당 인물의 이름을 활용해 기사 내용이 포함된 삼행시를 만들어본다. 시사에 대한 관심을 높이고, 창의적으로 언어를 활용하는 능력을 기를 수 있다.

개념 마스터하기

교과 공부를 할 때는 설명이 충분한 기본서를 선택하는 것이 중요하다. 요약서나 문제집 위주의 학습보다는 개념과 해설이 충실한 책을 골라 따라 읽으며 이해하는 것이 효과적이다.

집에 영어사전은 하나씩 있지만, 국어사전은 거의 없다. 그러나 영단어를 정확히 이해하려면 국어에 대한 이해가 먼저 뒷받침되어야 한다. 따라서 국어사전을 구비해서 책을 읽다가 모르는 어휘가 나오면 바로 찾아볼 수 있게 하자. 그 단어에 동그라미를 치고 문단 옆 빈 곳에 뜻풀이를 적도록 한다. 어렴풋이 아는 단어도 "이 단어는 이런 뜻이에요"라고 설명할 수 없다면 직접 찾아서 뜻을 정리하게 한다.

학습은 모른다는 것을 인정하는 데서 시작된다. 부모가 먼저 "이 단어의 정확한 뜻을 잘 모르겠네. 함께 찾아볼까?"라고 말해 보

자. 그러면 아이도 자신이 모르는 것을 부모 앞에서 자연스럽게 말할 수 있게 된다. 또한 모르는 것은 창피한 일이 아니라, 알아가는 과정이 곧 이해와 배움으로 이어진다는 점을 깨닫게 된다.

생각 정리하기

글을 읽으며 자신의 생각과 같은 부분에는 밑줄을 긋고, 그 이유를 빈 곳에 적게 한다. 반대로 생각이 다른 부분도 표시하고 왜 다르게 생각하는지 정리할 수 있도록 한다. 이후, 빈 곳에 적은 내용을 토대로 동의하는 점과 차이점을 정리하며 논리적으로 사고하는 습관을 기른다.

시공간 지표 약점 공부법

어릴 때부터 시공간 지표를 확장할 수 있는 방법은 다양하다. 아이가 뒤집고 기고 앉고 서고, 물체에 다가가며, 물체 아래를 기어가거나 넘어가고, 올라서서 아래를 내려보며, 뛰어내리고 매달려서 아래를 거꾸로 보는 등의 신체 활동이 시공간 인식을 높이는 데 큰 도움이 된다. 이러한 활동을 통해 아이는 자신의 몸과 물체 간의 거리, 높이, 위치 등을 익히며 자연스럽게 시공간 지표를 확장한다.

물체를 옮기고, 쌓고 무너뜨리며, 숨기고 찾아내는 놀이도 시공간 지표 확장에 도움이 된다. 연령대가 높아지면 블록 맞추기나 퍼즐 맞추기와 같은 활동을 통해 시공간 인식을 키울 수 있다. 나이에 맞게 난이도를 점차 높여가며 꾸준히 진행하는 것이 좋다.

가장 쉽고 접근하기 좋은 방법은 일상에서 실천하는 것이다. 단추를 꿰고, 신발 끈을 묶고, 옷을 입고 벗으며, 양말을 신는 것 등은 모두 시공간 지표를 확장하는 데 도움이 된다. 또한 옷을 접어 옷장에 알맞게 넣거나, 그릇을 크기에 맞춰 쌓는 등의 활동도 시공간 인식을 높일 수 있다.

이 과정은 아이의 지능을 높이는 소중한 기회이므로, 부모가 모든 일을 대신해 주기보다는 아이가 스스로 할 수 있도록 기다려주자.

영유아

자신의 몸을 만지고, 몸으로 놀이를 하면서 신체를 잘 이해하고 시공간 감각을 키울 수 있다. 아이에게 눈, 코, 입, 귀 등 신체 기관이 어디에 있는지 알려주고, 몸의 앞, 뒤, 위, 아래 위치를 이해할 수 있도록 도와준다.

- 인형에 옷 입히기
- 보물찾기

- 숨은그림찾기
- 틀린 그림 찾기
- 미로 찾기
- 퍼즐 맞추기

초등

- 종이접기
- 휴지가 땅에 떨어지지 않도록 입으로 불기
- 집에서 목적지까지 가장 가까운 길 찾기
- 지구본에서 나라 찾기
- 목적지까지 걸어가거나 차로 가는 시간 예상하기
- 세계 각국의 모양 그리기, 각 나라의 수도 표시하기

유동추론 지표 약점 공부법

유동추론 능력은 보통 학령기 아동 이후에 발달한다고 알려져 있지만, 유아도 추론 능력을 가지고 있고 유아를 대상으로 유동추론 훈련을 하면 큰 효과가 있다는 연구결과가 있다. 학업 성취도가 높은 상위권 학생들도 유동추론 훈련을 통해 능력이 향상되었는데, 특히 성적이 중하위권인 학생들에게 가장 큰 효과가 나타난 것으로 밝혀졌다. 즉, 유동추론 훈련은 학업을 잘 수행하지 못하는

아이들에게 더 효과적이었으며, 반복적으로 훈련할수록 더 좋은 결과가 나왔다.

유동추론 훈련은 크게 3가지 영역으로 나눌 수 있다. '언어 영역, 시공간 영역, 감정 영역'이다.

언어 영역은 읽기 전략, 이야기 이해, 과학적 글쓰기를 통해 의미를 추론하는 능력을 키우는 것이다. 예를 들어 글을 읽으면서 그 의미를 파악하고, 문맥에 맞는 단어를 유추하는 능력을 기르는 훈련이다.

시공간 영역은 수학적 사고나 공간을 이해하는 능력을 키우는 것이다. 예를 들어 그래프를 해석하거나, 벤 다이어그램을 통해 문제를 풀며, 공간을 시각적으로 생각하고 분석하는 훈련이다. 또한 통계를 활용한 추론도 포함된다.

감정 영역은 상황에 맞게 감정을 이해하고 대처하는 능력을 키우는 훈련이다. 예를 들어 주어진 상황을 잘 파악하고, 그 상황에 적절하게 감정을 표현하거나 문제를 해결하는 능력을 키우는 것이다.

영유아

- 순서대로 수 세기
- 거꾸로 수 세기

- 뛰어 세기
- 그림책을 보고 내용 설명하기
- 그림책의 등장인물 표정 설명하기

초등 저학년

- 수의 크기 비교하기
- 연산의 관계 이해하기
- 규칙성 찾기
- 도형, 각도, 길이와 시간 이해하기
- 책을 읽고 한 장면에 대해서 설명하기
- 한 장면에서 일이 발생한 이유 설명하기
- 등장인물의 기분 설명하기
- 등장인물에 따라 다음 상황이 어떻게 되길 바라는지 이야기하기
- 일상에서 벌어지는 일들(날씨, 계절 변화, 환경문제 등)이 왜 생기는지 관찰하고 탐구하기

초등 고학년

- 분수, 소수, 큰 수에서 수의 의미와 크기 이해하기
- 분수, 소수, 큰 수에서 연산의 의미와 결과 이해하기

- cm, kg, 분, 시, km/h 등 단위 활용하기
- 지식을 익히고 활용하기
- 책을 읽고 내가 원했던 결말에 대한 이야기 나누기
- 책의 등장인물 중 주인공이 되기를 바라는 인물과 그 내용에 대해 이야기하기
- 일상생활에서 발생하는 과학적 문제와 그로 인해 미래에 일어날 수 있는 일들에 대한 해결 방안을 글로 써보기

작업기억 지표 약점 공부법

작업기억을 높이는 방법 중 하나는 시각적 주의력과 청각적 주의력을 키우는 것이다. 아이들이 좋아하는 활동 중에는 틀린 그림 찾기, 숨은그림찾기, 미로 찾기, 메모리 카드 게임이 시각적 주의력을 높이는 데 도움이 된다.

보드게임 중에 과일 카드 게임이 있다. 여러 종류의 과일 카드 중에서 같은 종류의 과일을 더해 일정한 숫자가 되면 종을 치는 방식이다. 과일의 종류와 수를 기억하는 활동은 눈으로 보고 기억한 후 답을 맞추는 연습이 되어 시각적 주의력을 키우는 데 효과가 있다.

아이들이 자주 하는 장난인 앵무새처럼 따라 말하기, 읽어 준 숫자를 거꾸로 말하기, 노래 가사 거꾸로 부르기, 단어를 설명하고

정답을 말하는 스피드 게임 등은 청각적 주의력을 높이는 데 도움이 된다.

시각적 주의력과 청각적 주의력을 동시에 높일 수 있는 활동들도 많다. 예를 들어 엄마가 계산식을 불러주면 아이가 계산기를 이용해 엄마를 도와줄 수 있게 할 수 있다. 책을 소리 내어 읽으라고 하면 싫어하는 아이도, 엄마가 책을 읽다가 틀린 부분이 있을 때 "땡!" 하고 소리쳐 달라고 하면 신나서 반응하게 된다.

책을 보면서 좋아하는 노래의 가사를 책의 내용으로 바꿔 부르게 하면 아이의 기억력과 창의성을 동시에 자극할 수 있다. 이렇게 책의 내용과 노래를 결합하면 아이가 읽은 내용을 더 오래 기억하고 이해할 수 있게 된다.

또 다른 놀이로는 책을 읽을 때 중성에 집중하여 모음에 따라 글줄을 바꾸면서 읽는 방법이 있다. 첫 줄을 읽으면서 'ㅜ'가 나오면 한 줄 아래로 내려가고, 'ㅗ'가 나오면 한 줄 위로 올라가 읽는다. 익숙해지면 'ㅠ'는 두 줄 아래로 내려가 읽고 'ㅛ'는 두 줄 위로 올라가 읽는다. 이외에도 작업기억을 높일 수 있는 놀이들에 대해 더 알아보자.

기억력 훈련 게임

제시어들이 필통 - 연필 - 지우개와 같이 연관성이 있으면 외우기 쉽다. 연관성이 없는 제시어들을 말한다.

"엄마가 말하는 것 듣고 외워봐. 가지 - 비행기 - 고양이."

제시어를 말한 후 문제를 낸다.

"엄마가 하는 말이 맞다고 생각하면 '네', 틀리다고 생각하면 '아니요'라고 외치는 거야."

이때 질문은 아이의 연령대에 맞춰 다양하게 구성할 수 있다.

우리 집은 아파트다. 네 - 아니요

우리는 서울에 산다. 네 - 아니요

대한민국의 수도는 부산이다. 네 - 아니요

문제에 대한 답을 듣고 나서 "조금 전에 외우라고 한 제시어가 무엇이었지?"라고 묻는다.

대답: 가지 - 비행기 - 고양이

아이의 주의력에 따라 외우는 제시어나 질문의 수를 조절할 수 있다. 제시어와 문제의 수를 점차 늘리면 작업기억 능력을 높일 수 있다.

기사 제목 외우기

오늘의 뉴스 중에서 골라 기사의 제목을 외운다. 제목을 반복해서 쓰면서 외우는 것도 좋은 방법이다. 기사의 내용 중 모르는 단어가 있다면 찾아보고 그 뜻을 적는다. 다음 날, 외운 기사의 제목을 다시 써본다. 만약 부분적으로 기억하지 못하면, 기사 내용 중 중요한 단어를 빈칸으로 만들어 놓고 그 단어들을 채우게 한다.

늘려서 말하기

"오늘 오전에는 구름이 껴서 흐렸다가 맑아집니다."
: 이응 오, 니은 으 리을, 이응 오, 지읒 어 니은, 이응 에, 니은 으 니은…

주제에 맞게 일기 쓰기

작업기억 능력이 부족한 아이들은 일기를 쓸 때 주제에 맞는 글을 쓰기보다는 자신이 떠오르는 생각이나 기억에 따라 이야기를 전개하는 경향이 있다. 예를 들어 '수영장에 놀러 간 날'이라는 제목의 일기를 쓸 때 수영장에서의 경험을 나열하다가 점점 다른 주제로 이야기가 흘러갈 수 있다.

"오늘 나는 수영장에 갔다. 엄마, 아빠와 가서 너무 좋았다. 아빠는 오늘 일을 안 가도 된다고 하셨다. 내 친구 ○○는 할머니와 수영장에 갔다고 했다. 그 친구는 동생도 있다. 그래서 가족이 4명이다. 우린 3명인데…. 점심은 치킨을 먹어서 좋았다. 나는 닭다리를 좋아하는데 엄마는 가슴살이 좋다고 했다. 아빠는 수박을 먹었다. 난 치킨도 좋아하지만 피자도 좋아한다. 매일 치킨과 피자를 먹을 수 있으면 좋겠다."

주제를 벗어난 이야기들이 길어지면 글의 흐름이 흐트러지고, 내용이 산만해진다. 이때는 일기를 쓰기 전에 주제를 정할 수 있도록 도와주자.

"오늘 있었던 일 중에 가장 즐거웠던 건 뭐였어?"
"오늘 화났던 일 있었어?"

질문을 통해 방향을 잡아주고, 아이가 주제에 맞춰 글을 이어갈 수 있도록 지도한다. 예를 들어 수영장에 다녀온 일에 대해 쓴다면 '수영장에 간 즐거운 하루'라는 주제에 맞춰 글을 쓸 수 있게 한다.

앞서 나온 예시에서 '아빠는 오늘 일을 안 가도 된다고 하셨다' 다음에 흐름을 잠시 끊어주고 이후 "수영장에 가서 아빠와 무엇을 했는지, 그리고 수영장에서 즐겼던 활동은 무엇인지 써보자"고 방향을 잡아준다. 이렇게 하면 아이는 수영장에 간 즐거운 하루라는 주제에 맞는 이야기를 이어갈 수 있다.

중요한 것은 주제를 잃지 않고 글을 마무리하는 것이다. 예를 들어 '수영장에서 가족과 재미있게 놀아서 정말 즐거웠다'처럼 처음 정한 주제에 맞춰 글을 정리하게 해야 한다. 이렇게 하면 아이가 글을 쓸 때 주제에서 벗어나거나 중요한 점을 놓치지 않게 된다.

처리속도 지표 약점 공부법

중요한 과제 중에는 정해진 시간 안에 마치지 않으면 그 의미가 사라지는 경우가 많다. 학습은 꾸준한 노력과 과정이 중요하지만, 시험은 주어진 시간 내에 해결하지 않으면 좋은 점수를 받을 수 없다. 또한 아무리 잘 알고 있어도 순간적인 실수로 결과가 바뀔 수 있다.

시간에 맞춰 과제를 처리하려면 민첩성과 기민성을 동시에 기르는 것이 필요하다. 처리속도는 주어진 시간 안에 일을 효율적으로 처리하는 방법을 배우고, 실수를 줄이는 연습을 통해 향상시킬 수 있다.

일상생활에서 각 활동은 일정한 시간 내에 완료되어야 한다. 예를 들어 아침에 일어나 씻는 데 걸리는 시간이 빠른 사람은 15분, 느린 사람은 30분 정도일 수 있다. 각자에게 맞는 시간이 있기 때문에 일어나서 준비하고 등교하는 시간도 개인의 생활패턴에 맞게 정할 수 있다. 아이의 성향과 생활 습관에 맞는 시간을 정해 그 안에 일을 끝낼 수 있도록 매일 연습하면 처리속도를 높일 수 있다.

운동 능력을 높이는 것도 도움이 된다. 시간을 효율적으로 사용하고 기민하게 움직이려면 근육 발달, 균형 감각, 협응 능력, 조작 능력 등이 필요하기 때문이다. 배드민턴, 계단 두 칸씩 오르내리기와 같은 다양한 운동이나, 양손으로 글씨 쓰는 연습을 통해 민첩성과 기민성을 높일 수 있다.

글자 사냥꾼

산발적으로 배치된 숫자 중에서 똑같은 숫자를 찾아내거나, 같은 한자어나 단어를 찾아본다. 또한 글자들 중에서 특정 글자를 찾아내는 연습도 효과적이다. 예를 들어 '곰곰곰공곰곰'과 같은 글자 가운데 '공' 자를 찾아내는 것이다.

순서대로 동그라미

동화책, 잡지, 신문 등을 준비한다. 첫 번째 놀이로는 '가', '나' 또는 특정 단어를 찾아 동그라미를 그린 뒤, 그 동그라미를 선으로 연결해보는 것이다.

또 다른 놀이로는 초성 순서대로(ㄱ부터 ㅎ까지) 글자에 동그라미를 쳐보는 것이다. 이는 한글의 자음 순서나 알파벳 순서를 익히는 데 도움이 된다.

문장 규칙 바꾸기

한 문장을 고르고 초성과 종성을 바꿔 쓴다. 받침이 없으면 ㅇ을 쓴다. 예를 들어 '한 문장을 고르고 초성과 종성을 바꿔 쓴다. → 낳 눔앗룽 옥을옥 옻엇와 옷엇룽 압워 능앋'처럼 문장을 바꿔 써보면서 아이는 언어의 규칙을 재미있게 배울 수 있다. 시간을 정해놓고 여러 문장을 적어 아래 줄에 바꿔 쓰기 연습을 해보자.

읽으면서 손뼉 치기

책을 읽으면서 받침이 있으면 소리 내어 읽고 받침이 없으면 손뼉을 친다. 또는 '일, 이, 삼, 사, 오, 육, 칠, 팔, 구, 십' 글자가 나오면 읽지 않고 손뼉을 친다.

5장

다양한 기질의 아이들을 만나다

우리 아이 ADHD일까요?

요즘 ADHD 진단명이 다양한 매체에 자주 등장하면서 많은 부모가 아이의 일상적인 행동마저 ADHD가 아닐까 걱정하는 경우가 많아졌다. 물론 "나도 어렸을 때 그랬어. 우리 때 아이들 다 그랬어" 하며 지나치거나, ADHD 증상을 알아채지 못하는 것보다는 이해하고 대처하는 것이 중요하다.

그러나 질환이 있는 것이 아닌 아이에게 부모와 기질적 특성이 다르거나, 기관에서 기대하는 모습이 아니라는 이유로 부정적인 피드백을 주는 것은 심리적으로 영향을 줄 수 있으므로 주의해야 한다.

다음 사례는 ADHD를 진단하는 기준이 아님을 먼저 알아두자. 다만, 이러한 행동이 6개월 이상 지속되고 외부의 통제에도 조절이나 절제가 되지 않으면 가까운 병원에서 ADHD 진단 검사를 받아볼 것을 권유한다.

8살 남자 아이가 부모님과 함께 상담센터를 방문하였다. 재혼 가정에서 늦둥이 아들을 출산한 사례였다. 상담 결과, 부모는 이전 가정에서 아이를 키울 때는 인정과 칭찬 같은 지지 표현을 적절하게 하고, 잘못한 행동은 일관되게 훈육했다.

그러나 재혼 후 늦둥이를 키우면서 양육 방식이 달라졌다. 사소한 일, 즉 그 나이 또래라면 누구나 할 수 있는 일에 크게 기뻐했고, 누군가 아이의 버릇없는 행동을 지적하면 '그 나이에 그럴 수도 있지' 하면서 훈육을 거의 하지 않았다. 이러한 환경 속에서 자란 아이는 기본적인 일상생활 습관조차 자주 미루고, 부모에게 의존해 대신 해달라고 요구하는 일이 많아졌다.

학습적인 면에서도 문제가 있었다. 아이는 하고 싶지 않은 활동을 시키면 가만히 앉아 있지 못하고 돌아다니거나, 약속한 시간을 지키지 않았다. 집중하면 10분이면 끝낼 수 있는 과제도 40분 넘게 붙잡고 있을 뿐만 아니라, 그 시간 동안 투덜거리며 하기 싫은 일을 시키는 부모를 탓했다.

부모는 아이가 집에서 짜증을 내고 화를 내는 일이 늘면서 성격이 나빠질까 봐 걱정하고 있었다. 아이를 정확히 파악하기 위해 기질 및 성격 검사, 지능 검사, 심리 검사, 부모 양육 태도 검사 등을 실시하였다.

JTCI 7-11	척도	원점수	T점수	백분위	백분위 그래프
기질	자극추구(NS)	34	67	94	NS 94
	위험회피(HA)	12	39	11	HA
	사회적 민감성(RD)	21	37	9	RD
	인내력(PS)	14	35	6	PS

기질과 성격 검사 결과 일부

* 백분위 점수가 30 이하이면 해당 척도의 특성이 낮음을, 70 이상이면 해당 척도의 특성이 높음을 의미한다.

검사 결과, 아이는 자극추구 성향이 매우 높고, 위험회피 성향이 매우 낮은 기질을 가지고 있었다. 새로운 자극을 쉽게 지나치지 못하고 모든 것에 신경이 쓰여 가만히 있기 어려운 호기심이 많은 아이였다.

조금이라도 조심성이 있거나 신중하게 뒷일을 고려하는 성향이 있었다면 좋았겠지만, 아이는 조심성이 부족하고 앞뒤를 깊이 생각하지 않는 성급한 기질이었다. 그래서 해야 할 일이 있어도 새로운 흥미로운 일이 생기면 그것부터 하고, 충동성이 높아 집중하기 어려운 모습을 보였다.

사회적 민감성 또한 낮아 자신의 말과 행동이 타인에게 어떤 상처를 주거나 영향을 주는지 잘 인식하지 못했다. 그러나 타인의 인정과 관심에는 의존도가 높았다. 또한 주어진 일을 끝까지 해내는 끈기가 부족하고, 어려운 상황을 견디며 극복하는 힘도 약했다.

이런 성향의 아이들은 인지적 능력이 뛰어나더라도 성급한 성향 때문에 실수가 많다. 이 아이 역시 지능은 우수한 편이었지만, 잦은 실수로 인해 결과가 기대만큼 나오지 않았다. 끝까지 신중하게 답을 찾아야 하는 서술형 문제를 어려워했고, 쉬운 문제에서도 숫자를 착각해 틀리는 경우가 많았다.

똑똑한 아이가 예상치 못한 실수로 자주 틀리다 보니, 자신이 기대했던 결과를 얻지 못해 기분이 좋을 리 없었다. 또한 타인의 인정과 관심에 대한 의존도가 높아 평가에 민감하게 반응했다. 자신의 능력을 제대로 발휘하지 못해 낮은 평가를 받을 때마다 스트레스를 받았고, 그로 인해 자신을 무조건적으로 지지해주는 부모에게 화를 내거나 짜증을 부리는 빈도가 잦았을 것이다.

내가 부모님께 제시한 솔루션은 '도덕성을 높여라'였다. 도덕성이 높은 아이들이 공부도 잘한다. 도덕성은 옳고 그름을 판단하고 바르게 행동하는 능력으로, 아이는 생활 규범, 규칙, 규율 등을 어기지 말고 잘 지켜야 한다는 것을 배워야 한다.

이를 위해서는 가정에 맞는 규칙을 정하고, 그 규칙이 기준이 될 수 있게 해야 한다. 또한 아이가 잘했을 때 칭찬하고, 잘못했을 때는 일관성 있게 벌을 줄 수 있는 양육 태도가 중요하다.

도덕성은 훈련을 통해 길러지며, 모방을 통해 습득된다. 아이가 부모의 행동을 모방하고 활용하기 때문에 부모의 행동이 중요한 역할을 한다.

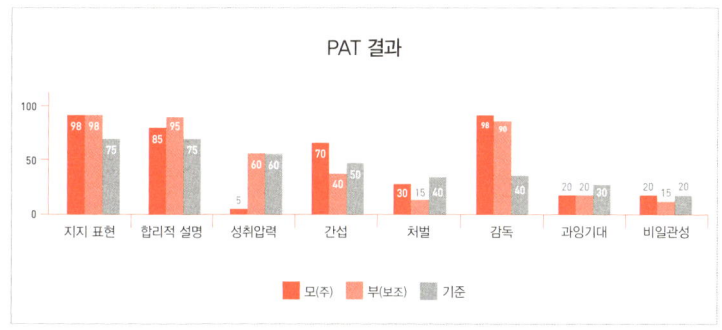

부모 양육 태도 검사 결과

* 각 척도의 점수는 기준 점수의 ±10점 범위 내에 있을 때 이상적이다.

부모 양육 태도 결과를 살펴보면, 아이의 기질적 특성과 맞지 않게 부모님의 지지 표현이 과도한 경향을 보였다. 아버지는 아이가 잘못한 일에 대해 지나치게 많은 설명을 하여, 아이는 아빠가 잔소리가 많다고 느꼈을 것이다. 어머니는 설명하기보다는 아이의 행동을 성급하게 제지했고, 아이에게 기회를 주지 않고 먼저 처리해주는 경우가 많았다. 어머니의 간섭에 비해 성취압력 수준은 부족한 상황이었다. 아이가 스스로 할 수 있는 일에 대해서는 성취압력이 필요했으나 충분하지 않았다.

부모의 양육 태도가 이대로 지속된다면, 아이는 부모의 감정을 신경 쓰지 않고 자신이 관심을 받을 수 있는 것만 고집할 가능성이 컸다. 원하는 것은 이룰 때까지 지속적으로 표현하고, 원하지 않는 것은 적극적으로 거부할 것이므로 문제 행동이 늘어날 것이다.

이때 아이의 주 양육자는 '호랑이 선생님' 역할을 해야 할 필요가 있다. 따뜻한 부모의 모습도 중요하지만, 아이가 규칙을 지키도록 만들 때는 호랑이 선생님처럼 양보 없는 태도로 일관되게 아이와 싸워야 한다.

아이가 집에서는 말을 잘 듣지 않지만, 학교나 학원에서는 말을 잘 듣는 경우가 있다. 만약 학습에 있어 호랑이 선생님처럼 일관된 태도를 유지할 자신이 없다면, 비일관적인 양육보다는 일관성을 유지할 수 있는 선생님에게 도움을 요청하는 것이 좋은 방법이 될 수 있다.

다음은 ADHD처럼 보이는 행동들이다.

- 가만히 앉아 있기가 힘들다.
- 주변의 모든 것에 참견하며 움직임이 많다.
- 억지로 앉혀 놓으면 몸을 들썩이거나 발을 구르거나, 손으로 책상을 치거나 지우개를 뜯거나 낙서를 한다.
- 손으로 할 일을 주면 입으로라도 노래를 흥얼거린다.

- 혼잣말을 하거나 혀를 찬다.
- 단체 활동에서 주변을 방해한다.
- 쉽게 흥분하여 가라앉지 않는다.
- 말과 행동이 상황에 맞지 않는다.
- 주변을 잘 살피지 않아 다른 사람의 감정에 둔하고 분위기 파악이 어렵다.
- 자신이 하고 싶은 대로 하기 때문에 자기주장은 강하지만, 타협이나 협동, 배려하는 것은 어려워한다.
- 경쟁심이 강하고 지는 걸 못 견딘다.
- 감정을 쉽게 표현한다.
- 오해를 할 수 있는 행동이나 말을 한다.
- 자신이 불리해지면 거짓말을 쉽게 한다.
- 알면서도 같은 실수를 반복하여 반항적으로 보일 수 있다.

앞의 행동들이 아이에게 지속적으로 보이면 부모들은 감정을 조절하기 힘들어진다. 부모는 아이가 남에게 피해를 주거나 잘못을 할까 봐 바로잡으려 하지만, 기대만큼 나아지지 않으면 혼내기 급급해진다. 이러한 행동을 보이는 아이들은 다음과 같은 특성을 가지고 있다.

1. 활동성이 높고 외향적이다.
2. 감각에 민감해 새로운 자극에 빠르게 반응한다.
3. 충동적이어서 욕구를 지연시키거나 절제하는 것이 어렵다.
4. 자유분방한 성향으로 계획을 세우는 것이 어렵고, 지키기도 힘들다.

멘탈 코칭

타고난 성향이 활발하고 자유분방한 아이에게 규칙과 질서를 지키도록 압박하고 억지로 앉아 있게 하는 것은 큰 부담이 될 수 있다. 아이는 왜 이런 행동을 멈추기 어려운 걸까? 이러한 성향의 아이들에게 이유를 물어보면 이렇게 대답한다.

"저도 그러고 싶지 않은데, 저절로 그렇게 돼요."

이 말을 믿어주어야 한다. 머리로는 이해하지만 몸이 따라주지 않는 것이다. 학교에서 아이에게 벌어지는 상황을 보자.

선생님이 "조용히 하고, 여길 보세요!"라고 말한다. 아이는 '선생님 말씀 잘 들어서 칭찬받아야지'라고 생각하며 집중한다. 다른 아이들도 열심히 수업을 듣는다. 하지만 10분이 넘어가자 수업에 집중이 안 된다.

'가만히 앉아 있기가 너무 힘드네.'

결국 아이는 방법을 찾기 시작한다. 아이는 주위를 둘러보며 누구를 신경 써야 하는지 무엇을 먼저 해야 할지 우선순위를 정하고, 선생님이 다른 일을 하실 때 잠깐 움직이고 다시 집중해야겠다고 계획한다.

이 과정에서 아이의 뇌는 상황을 판단하고 적절한 타이밍을 찾으며, 다른 사람들의 감정을 읽고 분위기에 맞는 행동을 선택하는 대처 능력을 발휘한다. 아이 입장에서는 분명 움직이고 싶은 욕구와 딴짓하고 싶은 마음을 참아가며 힘겹게 수업을 듣고 있는 것이다.

수업 분위기가 잠시 흐트러졌고, 그사이 다른 아이들은 잠시 움직였다가 다시 집중했다. 그러나 흐름을 놓쳐 다시 집중하지 못한 아이는 지적을 받는다.

"가만히 있으라고 했는데 왜 움직여. 뭐야?"

아이는 '지금껏 말을 잘 듣고 있었고, 다른 아이들이 먼저 움직였는데 왜 나만 혼나는 거지?' 하면서 억울함을 느낀다.

다른 아이들은 '선생님'을 우선순위에 두고 흐트러진 모습을 들키지 않도록 눈치껏 행동한다. 그러나 계획을 세우고 지키는 것이 어려운 아이에게는 그럴 여유가 없다. 노력했지만 이해받지 못하고 지적을 받아 친구들이 밉고 선생님이 야속하게 느껴진다. 교실에서는 이런 사소한 일이 자주 발생한다. 그래서 아이는 자주 억울함을 느끼고, 화를 내거나 짜증을 부리는 일이 많아진다.

그렇다면 타고난 성향이 활발하고 자유분방한 아이는 어른의 말을 잘 듣거나, 차분하게 공부하고 조심성 있게 행동하는 것이 불가능한 걸까? 그렇지 않다. 다음 방법을 참고해보자.

첫째, 아이가 잘하는 모습을 찾아서 인정해주자.

아이의 행동에서 잘못된 점을 지적하기 전에 잘한 행동을 찾아 먼저 칭찬해주자. 부모가 보기에 아이가 잘한 행동을 찾기 어려울 수 있지만, 작은 노력이나 변화가 있었다면 알아차리고 인정해주자.

만약 지금까지 비판적인 시선과 언어에 많이 노출된 아이라면 자신의 억울함을 이해해주는 사람이 없다고 느낄 수 있다. 그래서 아이는 계획을 세우고 실행하는 데 의욕을 잃었을지도 모른다.

부모는 아이가 잘하는 점을 먼저 알아보고 칭찬해주는 사람이어야 한다. 부모가 자신을 이해하고 지지한다고 느낄 때 아이는 계획을 세우고 그것을 지키려는 의지가 생긴다. 잘못된 행동에만 집중하지 말고, 아이의 좋은 모습이나 일상적인 행동에 더 관심을 가져보자.

아이의 행동에 화를 내지 않고 관심과 사랑을 주려고 해도 화가 날 때가 있을 것이다. 그럼에도 불구하고 아이의 행동이 조금이라도 개선될 때 부모도 마음의 여유를 찾고 가정의 분위기도 평화로워진다는 점을 기억하자.

둘째, 아이의 활동을 늘리자.

아이를 조절하거나 조금이라도 앉아 있게 하는 방법은 에너지를 먼저 소진시켜 주는 것이다. 아이가 야외 활동을 많이 해서 지치면 부산스럽고 산만한 행동이 자연스럽게 줄어든다.

일하고 집에 돌아온 저녁 시간을 떠올려보자. 아이들과 밝은 목소리로 대화를 나누고 집안일로 여전히 바쁘게 움직이지만, 사실 우리는 더 이상 움직이거나 말하기 싫고 그저 편안히 누워 쉬고 싶다. 낮에 충분히 활동했기 때문에 저녁에는 휴식을 취하며 에너지를 충전한 뒤 편안히 잠드는 것이 자연스럽다.

하지만 아이는 부모를 만나면 하고 싶은 말도 많고, 함께 놀고 싶어 하며, 잠들기 싫어한다. 부모는 지쳐 있는데 왜 아이는 여전히 팔팔할까? 저녁에도 아이의 기운이 넘친다면 더 많은 활동을 통해 에너지를 발산하게 해주어야 한다. 아이의 에너지가 조절되면 함께 있는 시간에 "가만히 있어!", "조심해!", "시끄러워"와 같은 잔소리가 줄어든다.

아이가 밖에서 다양한 활동을 충분히 즐겼다면 집에 오면 피곤할 것이다. 만약 활동을 했음에도 불구하고 여전히 피곤해하지 않는다면, 더 많은 활동이 필요하다는 뜻이다. 이때는 아이가 힘들면서도 즐겁게 할 수 있는 활동을 찾아주어야 한다.

셋째, 모든 일의 순서를 만들자.

부모가 바라는 것은 말하기 전에 아이가 스스로 해야 할 일을 알아서 하는 것이다. 그러면 아침부터 화를 내거나 아이를 울리는 일도 없고, 전쟁 같은 아침을 보내고 나서 후회할 일도 없을 것이다.

이번에는 아이의 입장에서 생각해보자. 아이는 명령과 잔소리를 들으며 하루를 시작한다. 일어나자마자 엄마는 "씻어야지! 다 했니?", "이거 빨리 입어", "준비해. 밥 먹어야지. 너 계속 그러면 혼나. 하나, 둘, 셋!" 하면서 지시를 쏟아낸다.

할 일을 스스로 하기를 원한다면, 아이가 무엇을 해야 하는지 정확히 알고 시간 내에 마칠 수 있는 환경을 만들어 주어야 한다. 그리고 시간 내에 할 일을 마쳤다면 성취감을 느낄 수 있도록 칭찬을 해주자.

하지만 산만하거나 주의집중력이 부족한 아이들은 지금 해야 할 일의 우선순위를 정하는 데 어려움을 겪는다. 설령 시작하더라도 금세 다른 것에 관심이 쏠려 집중력이 흐트러진다. 이렇게 짧은 시간 동안 여러 가지 일을 하다 보니, 중요한 일을 정해진 시간 안에 마무리하지 못하는 것이다.

머리로는 알지만 실행에 옮기지 못하는 아이들이 우선순위를 정해 과제를 완수하게 하는 방법을 알아보자. 아이가 해야 할 일을 끝마치는 데 가장 중요한 요소는 '시간'이다. 시간이 부족하면 부모는 아이와의 싸움에서 밀릴 수밖에 없다.

반복되는 문제를 해결하기로 결심했다면, 부모가 먼저 시간을 충분히 확보해야 한다. 예를 들어 아이가 스스로 씻고, 밥을 먹고, 옷을 입고, 준비를 마친 뒤 집을 나서게 하려면, 부모가 더 일찍 일어나 아이를 깨워야 한다. 부모에게 여유가 없다면 아이가 스스로 하도록 기다리지 못하고 대신해주게 된다. 아이의 자립심을 키우려면 부모가 먼저 시간을 확보한 후 인내심을 갖고 기다릴 준비를 해야 한다.

지금 당장 아이를 학교에 보내고 일하러 가야 하는 엄마가 아이에게 과정과 방법을 설명하고 지켜보는 것은 쉽지 않다. 바쁠 때는 아이를 이해시키기 위해 시간을 쓰는 것이 더 답답할 수 있다.

하루 중 여유가 있을 때 아이와 대화를 나누자. 이 과정이 힘들게 느껴지지 않도록 놀이처럼 접근하면 도움이 된다. 마치 보드게임 브루마블을 즐기듯이 아이와 함께 집안 곳곳에 게임을 설치해보자.

스티커를 활용하거나 이제는 보지 않는 책과 잡지에서 일상생활과 관련된 그림이나 사진을 가위로 오린다. 예를 들어 세면대나

손 씻는 장면, 얼굴, 칫솔, 옷, 양말, 신발, 식탁, 음식, 책상, 가방, 책 등 다양한 이미지를 활용할 수 있다. 무작위로 오리는 것보다 아이가 직접 주제를 정해 분류하도록 유도하는 것이 효과적이다.

"욕실에서 씻을 때 필요한 것들을 골라볼까?"
"식사할 때 사용하는 것들을 찾아볼까?"
"옷을 입을 때 필요한 것들을 모아볼까?"
"학교 갈 때 챙겨야 할 것들을 정리해볼까?"

이렇게 주제를 정해 분류하면 아이가 개념을 더 쉽게 이해할 수 있다. 그 다음에는 분류한 항목들을 정리한다.

- 씻기: 세면대, 손, 얼굴, 칫솔, 치약, 물컵 등
- 식사하기: 음식, 수저, 식탁, 의자 등
- 옷 입기: 팬티, 바지, 티셔츠, 점퍼, 양말 등
- 공부하기: 공책, 연필, 책 등
- 놀기: 놀이터, 공, 자전거, 킥보드 등

분류를 마쳤다면 이제 활동 순서를 정한다.
"아침에 일어나면 제일 먼저 무엇부터 해?"
"씻을 때 어디부터 씻어?"
"양말 신을 때 바지 입고 신어? 아니면 양말 먼저 신어?"

"학교 가기 전에 어떤 것을 하고 갈까?"

이렇게 마치 답을 몰라서 묻는 듯한 태도로 질문하면 아이의 의견을 자연스럽게 유도할 수 있다. 아이가 직접 순서를 정하게 하고 해당 순서대로 그림이나 사진을 나열하게 한다. 예를 들어 아이가 씻는 순서를 '손 → 칫솔 + 치약 → 물컵 → 얼굴'과 같이 정했다면 욕실에서 가장 눈에 잘 띄는 곳, 특히 아이의 눈높이에 맞는 곳에 직접 붙이게 한다.

이와 같은 방식으로 매일 주요 활동을 하는 각 장소에 아이가 정한 순서대로 붙이게 한다. 단, 모든 일을 한꺼번에 시작하면 부담이 될 수 있으므로, 아이가 가장 시간을 끄는 활동부터 시작하는 것이 좋다. 특히 부모가 자주 소리치게 되는 공간을 먼저 해결하면 효과적이다.

이후 1~2주 동안 반복하며 붙여놓은 순서대로 실천할 수 있도록 연습시킨다. 이 과정에서 "양치해야지! 세수해야지!" 같은 명령어 대신 "지금 해야 하는 일은 뭐야?"라고 물어보는 것이 중요하다. 아이가 직접 붙여놓은 순서를 보게 하고, 본 것을 말하게 한 뒤 실행하게 한다. 이후 다음 해야 할 일도 이 과정을 반복한다. 습관이 자리 잡으면, 다른 장소에서도 동일한 방식으로 할 일을 순서대로 할 수 있도록 목표를 늘려 나간다.

연습하는 과정에서 아이에게 "몇 번을 말해야 알아듣니?" 또는

"세수해!" 하고 소리치고 싶을 수 있다. 하지만 아이는 잠시 한눈을 판 것뿐이다. 욕조 안에 장난감이 보여 만졌거나, 옆에 온 동생이 신경 쓰였을 수 있다.

아이가 할 일을 잠시 잊었을 때는 다시 집중할 수 있도록 도와주자. 지금 해야 하는 일을 떠올리게 하고 말하게 한 뒤, 말한 것을 바로 행동으로 옮기게 하는 것이 우리의 역할이다.

어린아이나 하는 놀이처럼 보일 수 있다. 하지만 아이가 고학년이더라도 매일 해야 할 일을 스스로 하지 못하면 다르게 접근할 필요가 있다. '이제 스스로 할 나이가 되지 않았나. 혼나면 기분도 안 좋을 텐데…'라는 생각이 들 수 있지만, 어릴 때부터 되지 않던 일이 하루아침에 잘될 리는 없다. 아이 혼자 일의 순서를 정하고, 시간 내에 실행하는 연습이 그동안 부족했던 탓이다. 성장하면서 혼난 경험이 쌓였고, 명령이나 지시를 받을 때마다 부정적인 감정이 되살아나 더 하기 싫었을 수도 있다.

이때는 부모가 어린아이를 대하듯 상냥한 말투로 게임처럼 유도하는 것이 효과적이다. 아이가 어릴 때 자연스럽게 따라오도록 했던 방식처럼 부드럽게 이끌어주자. 그렇게 해야 부모의 말을 기꺼이 따르도록 만들 수 있다.

시키는 대로 다 하는 아이, 지치지 않을까요?

　기질적으로 모범적인 아이들이 있다. 흔히 말하는 '모범생'이다. 이러한 아이들은 규칙성이 높고, 주의력이 뛰어나며, 접근성과 적응성이 높은 기질적 특성이 있다. 부모, 기관, 사회가 기대하는 것을 해내기 위해 늘 최선을 다한다. 그 과정에서 아이는 올바르고 성실한 태도를 보이며, 결과적으로도 좋은 성취를 거둔다.

　부모가 기대하는 모습, 기관이 정해놓은 기준, 사회가 바라는 역할을 충실히 수행하는 아이의 속마음은 어떨까? 많은 부모가 말 잘 듣는 아이를 원한다. 아이가 착하고 예의 바르면 어른들에게 칭찬받고, 성실하고 규칙을 잘 지키면 선생님에게 긍정적인 평가를 받는다. 그런데 여기서 오는 성취감과 만족감은 과연 부모의 것일까 아니면 아이의 것일까?

상담센터에 어머니와 중학교 여학생이 함께 방문했다. 아이는 자기 할 일을 척척 해내고, 학교에서도 모범생이며 학업 성적도 상위권이라고 했다. 어머니에게 질문했다.

"부모님 입장에서 보면 아이가 잘하고 있는데 어떤 점이 걱정되세요?"

"아이가 잘하고 있는 데도 불안해하고 매사에 걱정이 많아요."

시험을 볼 때 실수할까 봐 지나치게 초조해하고, 열심히 공부한 만큼 실력을 발휘하지 못한다고 말했다.

여학생의 기질 및 성격 검사, 지능 검사, 심리 검사 그리고 어머니의 양육 태도 검사를 실시했다. 다음은 기질과 성격을 검사한 결과 중 일부이다.

JTCI 12-18	척도	원점수	T점수	백분위	백분위 그래프
기질	자극추구(NS)	17	43	24	NS 24
	위험회피(HA)	31	64	90	HA 90
	사회적 민감성(RD)	19	56	68	RD 68
	인내력(PS)	18	62	87	PS 87

기질과 성격 검사 결과 일부

* 백분위 점수가 30 이하이면 해당 척도의 특성이 낮음을, 70 이상이면 해당 척도의 특성이 높음을 의미한다.

검사 결과, 학생은 기질적으로도 불안에 취약했다. 변화에 대한 거부감이 강하고, 낯선 사람이나 불확실한 상황에 두려움을 느꼈다.

규칙을 지키는 것이 안심이 되고, 계획을 세워서 그것을 실천하는 과정에서 안정감을 느끼는 성향이었다. 여학생은 자신이 해야 할 일을 계획하고 그것을 반드시 해내야 마음이 놓였기 때문에 불안한 상황을 피하려 했다. 그러나 인생은 항상 계획대로 되지 않는다. 예상치 못한 변화나 변수가 생기기 마련이고, 사람이나 상황도 달라질 수 있다. 그때마다 학생은 스트레스를 많이 받고 있었다.

학생이 느끼는 불안은 어머니와의 관계도 연관이 있었다. 어머니는 모범생인 아이에게 기대가 높았고, 자신도 열심히 살아온 사람이라 아이가 노력하는 것을 당연하게 여겼다. 아이가 잘 따라오는 모습을 보면서 기대감은 점차 더 커졌고, 자신이 이루지 못한 것들을 아이가 대신 이루어주길 바랐다. 그러나 학생은 어머니를 실망시킬까 봐 불안해하고 있었다.

내가 어머니께 제시한 솔루션은 '나와 아이를 구별 짓는 것'이었다. 부모와 아이는 서로 다른 존재임을 기억해야 한다. 아이가 느끼는 만족과 부모가 원하는 만족은 다를 수 있으며, 부모의 기대에 맞춰 살아가는 아이는 진정한 행복을 느끼기 어렵다. 어머니가 많은 기대를 하지 않아도 아이는 이미 스스로 잘하고 있으므로 더 믿고 응원하는 마음이 필요했다.

또한 어머니 스스로 즐거움을 찾는 것이 중요했다. 아이의 성취를 통해 대리 만족을 느끼는 것이 아니라, 어머니가 즐길 수 있는 일이 있어야 한다. 아이를 생각하지 않는 자신만의 시간을 가질 수 있어야 아이도 자신의 행복과 즐거움을 찾을 수 있다.

아이와 보내는 시간을 줄이는 것도 하나의 방법이다. 청소년이 친구보다 엄마에게 더 의존한다는 것은 또래 관계에서 어려움을 겪고 있을 가능성이 있다. 이 시기의 아이는 부모보다 또래와 함께하는 시간이 더 많아야 한다.

또래와 어울리는 시간이 늘어나면 부모도 여가시간을 가질 수 있고, 아이는 다양한 상황과 감정을 경험하며 사회성을 키울 수 있다. 다만, 아이가 또래와의 관계에서 어려움을 겪고 있어 거리를 둔 것이라면 더 멀어지기 전에 아이가 겪고 있는 어려움을 파악하고 함께 고민해봐야 한다. 또한 갈등이 생겼을 때 해결 방법을 알려주고, 친구와 함께할 수 있는 취미나 동아리 활동을 추천하는 등의 방법을 통해 원활한 관계를 형성할 수 있도록 도와주어야 한다.

멘탈 코칭

그동안 잘하던 아이가 갑자기 학교에 가기 싫어하고, 사람을 만나는 것도 꺼리며, 공부를 왜 해야 하는지 모르겠다고 말한다면 부모 입장에서는 충격적일 것이다. 항상 성실하고 말썽도 없었다면 사춘기 탓을 하며 넘길 수도 있다. 그러나 이것은 단순한 반항이 아니라, 열심히 달려온 아이가 번아웃에 빠졌을 가능성이 크다.

번아웃은 우리 아이 그리고 부모에게도 찾아올 수 있다. 심각해지기 전에 미리 신호를 알아차리고 예방하는 것이 중요하다.

첫째, 휴식 시간을 지킨다.

공부 시간과 놀이시간을 구분한다. 학교에 가고, 공부하고, 숙제하고, 학원에 가는 시간을 지키는 것만큼 놀이와 휴식 시간도 철저히 보장해야 한다.

성인도 마찬가지로 일하는 시간과 휴식 시간을 구분해야 한다. 쉬는 시간이 명확하지 않으면 일하는 시간이 늘어나고, 긴장감을 놓지 못해 항상 일에 쫓기는 기분이 든다. 머릿속에서는 끊임없이 '잘해야 한다'는 압박이 이어지고, 긴장감을 풀기 위해 불필요한 에너지를 쓰게 된다. 이러한 상황이 지속되면 에너지가 필요한 순간에 정작 힘을 발휘하지 못하고 무기력해질 수 있다.

둘째, 공부 공간과 휴식 공간을 분리시킨다.

휴식은 공부하는 공간이 아닌 다른 곳에서 이루어져야 한다. 방에서 공부했다면, 거실이나 야외에서 쉬게 한다.

공부 공간과 휴식 공간이 명확히 구분되지 않으면 공부를 시작하기 전에 소설책이나 만화책이 눈에 들어와 집중이 안 되고, 공부 중에 눕게 된다. 그래서 공부를 시작하는 데도 시간이 걸리고 전념하기도 힘들어진다.

부모도 직장 일을 가능한 한 집으로 가져오지 말자. 집에서는 충분히 휴식을 취하거나 가정에서의 역할에 집중하자.

셋째, 아이만의 스트레스 해소법을 찾게 하자.

번아웃이 온 아이들은 휴식 시간이나 노는 시간에 무엇을 해야 할지, 자신이 진짜로 원하는 것이 무엇인지 모를 수 있다. 자신만의 스트레스 해소법을 찾아 휴식 시간에 에너지를 충전할 수 있도록 도와주자.

아이가 스스로 "빨리 끝내고 쉬고 싶어요" 또는 "쉴 때 이걸 하고 싶어요"라고 말할 수 있도록 부모가 함께 고민해 주어야 한다. 아이가 쉴 때 무엇을 하고 싶은지 다양한 활동을 함께 경험하며, 그 과정에서 즐거움을 느끼고 진정한 휴식이 될 수 있는지 탐색하는 시간이 필요하다.

어릴 때 부모와 함께하는 놀이 경험은 훗날 아이가 휴식 시간에 즐길 수 있는 여러 활동의 기반이 된다. 따라서 어린 시절부터 함께하는 놀이의 중요성은 아무리 강조해도 지나치지 않다.

"빨리 끝내고 유튜브 봐야지."

"빨리 끝내고 게임해야지."

"빨리 끝내고 만화책 봐야지."

"빨리 끝내고 친구랑 놀아야지."

어떤 동기든 괜찮다. 그것만으로도 아이는 '어떻게 하면 시간을 낭비하지 않고 과제를 빨리 끝낼 수 있을까?' 고민하며 계획을 세우고 노력하게 된다.

과제를 마친 후 좋아하는 활동을 할 수 있다는 생각은 일을 더 빠르고 효율적으로 처리하게 만든다. 만족스러운 결과는 성취감을 주고, 좋아하는 놀이를 하거나 휴식을 취하면서 즐거움을 느낀다. 이 과정을 경험한 아이는 이후 다른 과제를 할 때도 자연스럽게 계획하고 실행하게 된다. 스트레스를 해소하며 얻은 에너지가 새로운 동기 부여로 이어지기 때문이다.

불안하고 우울한 아이, 어떻게 도와줄까요?

 많은 아이들이 정서적인 어려움을 겪고 있다. 성인들도 시간이 지난 뒤에 보면 사소한 일이지만 그 순간에는 상처받고 괴로워한다. 나를 힘들게 한 것은 새로운 환경이나 사람일 수 있고, 믿었던 사람에게 배신당하거나 모르는 사람에게 상처받는 경우도 있다. 가까운 가족으로부터 아픔을 경험하기도 하고, 때로는 세상이 나를 힘들게 한다고 느껴질 때도 있다. 지금도 아픔을 겪는 중이거나 어려운 상황에 처해 있을 수 있다.

 감정이 다양하다는 것을 알기 위해서는 보고 듣고 읽고 배워야 한다. 감정을 적절하게 표현하는 방법도 마찬가지다. 그런데 만약 부모가 감정을 억압하는 사람이라면 배우기 어렵다. 부모가 격한 감정을 표현할 때 다른 사람의 감정은 신경 쓰지 않는다면 어떨까? 아이가 부모를 신경 쓰느라 부정적인 감정을 숨기고 좋은 감정만 표현한다면 어떻게 될까? 이런 상황에서는 아이가 감정을 이해하고 표현하는 능력을 키울 수 있는 기회가 제한될 것이다.

우울과 불안은 누구에게나 생길 수 있으며, 이를 해소하지 않으면 점차 쌓이게 된다. 따라서 이러한 감정을 느끼는 순간에 또는 쌓인 후에라도 적절히 해소하는 것이 중요하다. 그러나 감정을 어떻게 표현해야 할지 모르면 해소하지 못하고, 그 감정이 내 안에 남아 점점 더 힘들어진다.

해소되지 않은 우울과 불안이 많이 쌓이면 신체적으로도 영향을 받을 수 있다. 예를 들어 집중력이 떨어지거나 무기력함을 느낄 수 있다. 마음의 고통이 감당할 수 없는 수준으로 쌓이면 결국 몸으로 나타난다. 이를 '신체화 증상'이라고 하는데 우리가 자주 경험하기도 한다. 자극적인 음식이 당기거나, 부정적인 생각들이 끊임없이 떠오르거나, 어깨와 목이 뻐근하고, 이유 없이 예민해지고 짜증이 나며, 잘 쉬었는데도 피곤이 풀리지 않는 증상들이 모두 여기에 포함된다.

아이가 집중을 잘하지 못하고 산만해 보일 때, 평소 잘하던 일을 놓치거나 자꾸 미룰 때 단순히 신경을 쓰지 않는다고 여기기보다는 아이의 내면에서 어떤 문제가 일어나고 있는지 살펴볼 필요가 있다.

우울과 불안을 계속 겪고 있으면, 우리의 뇌는 이를 해결하려고 많은 에너지를 소모한다. 그래서 중요한 일을 놓치거나 끝까지 마무리하지 못하는 일이 생기기도 한다. 걱정과 염려가 많아지고 의미 없는 행동이 늘어날수록 에너지는 계속 낭비되고, 이 과정이 반복되면 우울과 불안이 점점 심해지는 악순환이 이어진다.

다음은 우울하고 불안한 아이가 보일 수 있는 행동들이다.

- 활발하고 말이 많던 아이가 기운이 없어 보이고 말수가 줄어든다.
- 밖에 나가자고 해도 거절하고, 방에서만 지내려고 한다.
- 별것도 아닌 일에 신경질을 내고 화를 낸다.
- 물건을 빈번하게 잃어버리고, 자주 까먹었다고 말한다.
- 약속을 잘 지키지 않는다.
- 말이나 행동이 조급해 보이고 정리가 되지 않는다.
- 손톱을 물거나 뜯고 자주 운다.
- 씻기 싫어하고 멋을 부리지 않는다.
- 멍하게 있는 시간이 많다.
- 상상이나 공상을 많이 한다.

- 혼잣말을 많이 한다.
- 아는 것도 질문을 많이 하고, 대답을 꼭 들어야 한다.
- 거짓말을 하거나, 친구의 물건을 가져오는 등 문제 행동을 보인다.

이러한 행동들이 반드시 우울이나 불안에서 비롯된 문제만은 아니다. 또한 이런 행동들이 있다고 해서 반드시 문제가 있다고 단정할 수는 없다. 아이의 변화를 세심하게 관찰해 아이가 겪을 수 있는 어려움을 미리 파악하고 예방하는 것이 중요하다.

멘탈 코칭

마음이 몸까지 아프게 만드는 것은 내 마음이 아프다는 신호로 받아들여야 한다. 마음의 고통이 반복되면 점점 지치고, 혼자서는 이겨내기 힘든 상황에 처할 수 있다.

이때는 당장 해야 할 일보다 내 마음의 상태를 들여다보는 시간이 필요하다. 내가 지금 어떤 상태에 있는지, 왜 힘든 상태가 되었는지 원인을 파악하는 것이 중요하다. 이를 통해 정확한 대처가 가능해지고, 부정적인 감정이 더 커지지 않게 할 수 있다. 아이에게 해소되지 못한 감정이 쌓였다면 표현하고 해소하는 방법을 찾을 수 있도록 도와줘야 한다.

첫째, 우울하거나 불안하다는 것을 인정하자.

일이 내 생각대로 되지 않을 때, 상대방이 내 마음을 몰라줄 때, 별다른 일이 없어도 누구나 우울할 수 있다. 마찬가지로 특별한 이유가 없어도 불안을 느낄 수 있다. 우리는 그렇게 태어났다.

이러한 감정을 부인하거나 방어적으로 다른 사람에게 숨기려고 하면 더 힘들어진다. 현재 우울하다는 사실을 알고 인정해야만 해결할 수 있다. 또한 내가 불안을 느끼는 원인이 무엇인지 파악해야 한다.

우리가 다른 사람의 문제를 객관적으로 보고 쉽게 해결책을 제시해주는 것처럼, 한 발 물러서서 나를 관찰해보면 해결책이 보일 것이다. 내가 주인공이 되면 감정에 휘둘릴 수밖에 없다.

내가 왜 우울하고 불안한지 원인을 찾아보고 나열해보자. 그런 다음, 마치 다른 사람에게 조언하듯 공감하고 이해하며, 그 문제가 해결 가능한 일이고 사실 그렇게 큰 문제가 아니라는 것을 스스로 상기하자. 나 자신에게 충분한 관심을 기울이고 모든 문제를 가볍게 넘길 수 있는 여유도 가져보자.

중학생이 되면 자신을 관찰자 입장에서 객관적으로 바라볼 수 있게 된다. 초등학생은 아직 어리므로 부모가 어렸을 때 이야기를 들려주는 것이 좋다. 부모가 힘든 일을 겪었을 때 어떻게 감정을 표현했고 상황을 해결했는지 그리고 도움을 요청했다면 어떻게 했는지 이야기해준다.

아이는 부모의 경험을 통해 자신에게 비슷한 상황이 생겼을 때 현재 겪고 있는 문제를 어떻게 해결할지에 대한 힌트를 얻을 수 있다. 부모가 나누는 다양한 경험과 해결 방법은 아이에게 모범답안이자 실제로 적용할 수 있는 예시가 되어 큰 힘이 될 것이다.

둘째, 생각이 꼬리에 꼬리를 물게 하지 말자.

한번 떠오른 생각은 쉽게 사라지지 않는다. 특히 그 생각이 부정적일 경우 우리는 계속해서 최악의 시나리오를 만들어간다. 그 최악의 시나리오가 바닥을 향해 갈수록 내 몸도 점점 가라앉는다. 생각과 몸이 바닥을 치고 늪에서 허우적거리기 전에 샛길을 찾아 빠져나와야 한다. 이때 필요한 것이 바로 생각의 전환이다.

"긍정적인 면을 찾아보세요."

"다른 생각을 떠올려 보세요."

"생각을 한 번 바꿔 보세요."

흔히 들을 수 있는 말들이지만, 늪에 빠져 있을 때는 쉽지 않다. 자려고 누웠는데 갑자기 나를 힘들게 했던 상황이나 사람이 떠오른다면 상상 속 컴퓨터를 켜보자. 컴퓨터 바탕화면에는 아직 정리하지 않은 문서들이 있다. 여기에 새로운 폴더를 만들고 그 상황과 관련된 일을 모두 옮겨 담는다. 폴더명은 '다시는 만나고 싶지 않은 ○○○', '답답했던 나' 또는 평소 차마 하지 못한 욕도 상관없다. 그 후 이 폴더를 바탕화면의 휴지통에 버린다. 휴지통에 파일을 버릴 때 나는 효과음이 있다. 이 효과음을 함께 떠올리면 더 효과적이다. 그리고 휴지통을 비울 때 나는 효과음을 다시 떠올리며 머릿속 휴지통도 비워버린다.

머릿속에서 이런 전환 작업을 하면 늪으로 빠지기 전에 샛길로 나올 수 있다. 잠깐이라도 다른 생각을 떠올려 전환시키면, 의미 없고 부정적인 생각에서 벗어날 수 있다. 물론 생각을 바꾸는 게 쉽지 않을 수 있고, 다른 생각을 하는 것이 의미 없다고 느껴질 수도 있다. 하지만 부정적인 생각을 계속 이어가는 것보다는 이런 방법이 훨씬 효과적이다.

아이 혼자서 생각을 전환하는 것은 어렵기 때문에 몰입할 수 있는 즐길 거리나 할 일을 주는 것이 좋다. 자극만을 즐기는 핸드폰이나 미디어보다는, 도전과 시행착오를 통해 성취감을 느낄 수 있는 활동이 더 효과적이다. 예를 들어 줄넘기를 하거나 퍼즐을 맞추자고 제안하거나, 요리나 설거지를 도와달라고 할 수 있다.

책을 읽거나 음악을 들으라고 하면 생각을 떨쳐버리기 쉽지 않다. 아이들은 몸을 움직이면서 하는 일이 생각을 떨치기 쉽다. 아이가 언제 부정적인 생각에 빠졌는지 알기 어렵다면, 일상에서 할 수 있는 일과를 주는 것도 좋은 방법이다. 놀이할 시간을 포함시켜 부담스럽지 않을 정도로 일과를 바쁘게 구성하면, 자연스럽게 부정적인 생각을 할 시간도 줄어들게 된다.

셋째, 나만의 행복한 순간을 그려보게 하자.

멍하게 있거나 부정적인 생각에 빠져 있다면, 그 시간은 사실 아무 의미 없는 시간과 같다. 생산적인 일을 할 수 없고, 효율적으로 보낼 수도 없다. 그렇다면 차라리 그 시간을 긍정적인 생각으로 채워보자.

나를 거절하거나 비판했던 사람들, 좋지 않았던 일들에 대해 생각하지 말고, 대신 '가고 싶은 곳에 가서 맛있는 음식을 먹는 나', '좋아하는 것을 발견하고 그것을 사고 있는 나', '휴양지에서 여유를 즐기거나 사람들과 즐겁게 만나는 나' 등 행복한 상상을 하는 것이다.

아이의 경우에는 '가고 싶은 대학의 정문을 지나가며 경비 아저씨에게 반갑게 인사하는 나', '친구들과 만나 강의실에 가는 나', '강의실에서 교수님의 강의를 듣는 나', '동아리 활동을 하며 친구들과 시간을 보내는 나'처럼 기분 좋은 상황을 구체적으로 상상할 수 있다.

이처럼 집중력이 떨어져 공부가 안 될 때는 즐거운 일이나 앞으로 일어나길 바라는 일을 떠올리며 기분을 전환해보는 것도 도움이 된다. 부정적인 생각에 시간을 쓰는 것보다 긍정적인 생각을 하는 것이 더 나은 결과를 가져올 수 있다.

아이는 노력하는데, 왜 성적이 나오지 않을까요?

학창 시절 그 누구보다 열심히 공부하는 친구가 있었다. 그 친구는 쉬는 시간조차 아껴 가며 열심히 공부했다. 모두가 인정할 정도로 성실했고, 시험을 앞두고는 당연히 1등을 할 거라 예상했다. 그러나 안타깝게도 시험 결과가 나올 때마다 성적이 중위권에만 머물렀다.

부모 눈에는 아이가 열심히 공부하는 것처럼 보인다. 그러나 방에 들어가 몇 시간씩 책상에 앉아 있어도 정작 오늘 무엇을 공부했는지 물으면 대답을 얼버무린다. 답답한 마음에 공부한 과목과 범위를 확인하고 내용을 질문해보면, 제대로 답하지 못하거나 엉뚱한 말을 하기도 한다.

시험을 보고 온 아이에게 "시험 잘 봤어?"라고 물으면 자신 있게 잘 봤다고 하지만, 막상 성적표를 받아보면 기대만큼 결과가 나오지 않는다. 도대체 무엇이 문제일까?

이러한 유형의 아이들에게 확인해야 할 것은 크게 3가지다.

첫째, 아이의 주의력이다.

아이가 공부한다고 방에 들어가 책상에 앉아 있는 동안 실제로 무엇을 하고 있는지 확인해볼 필요가 있다. 2단원을 공부했다고 말하지만 페이지만 넘기며 멍하니 있거나, 다른 생각을 하면서 눈으로만 훑어봤을 수도 있다. 혹은 이어폰에서 흘러나오는 노랫소리에 집중하고 있었을 가능성도 있다.

활동성이 낮고 지속성이 높은 아이들은 오랜 시간 자리에 앉아 있을 수 있으며, 열심히 공부하는 것처럼 보일 수도 있다. 그러나 실제로는 밖에서 들려오는 소리에 귀를 기울이거나, 머릿속에서 상상의 나래를 펼치고 있을 수 있다.

따라서 열심히 하는 것처럼 보이지만 결과가 좋지 않다면, 지속성은 좋지만 주의력이 낮아서 발생하는 문제일 수 있으므로 이 부분에 대한 점검이 필요하다.

둘째, 아이의 인지적 능력이다.

이는 지능과 관련된 문제로 볼 수 있다. 특히 주의해야 할 점은 전체 지능지수가 정상 범위에 있거나 오히려 평균보다 높더라도 특정 지능 요소 중 한 가지가 부족하면 어려움을 겪을 수 있다.

4장에서 살펴본 것처럼 지능은 '언어이해, 시공간, 유동추론, 작업기억, 처리속도'의 5가지 지표들로 구성된다. 이 중 특정 지표가 약하거나, 각 지표별 차이가 크면 노력한 만큼 기대한 성과를 내기 어려울 수 있다.

다음은 전체 지능지수는 평균 수준이지만, 지표별 차이가 있는 아이의 지능 검사 결과이다.

지표	지표점수	백분위	95% 신뢰구간	지능 수준
언어이해	86	18	80-95	평균 하
시공간	97	43	89-106	평균
유동추론	109	71	100-115	평균
작업기억	83	13	77-92	평균 하
처리속도	81	11	75-92	평균 하

지능 검사 결과 일부

이 아이는 다른 검사에서 인내력(96%)이 매우 높고, 자율성(71%)과 연대감(68%) 또한 높아 학교나 집에서 학습 태도를 보면 전혀 문제가 없어 보였다.

그러나 시험 결과는 기대만큼 좋지 않았다. 원인은 노력 부족이 아니라, 기초 학습이 꾸준히 이루어지지 않은 것에 있었다. 열심히 해도 기초가 없다 보니 학년이 올라갈수록 한계가 있었다. 특히 언어이해와 작업기억 능력이 부족한 탓에 어휘가 복잡해질수록 이해하지 못하는 단어가 늘어났고, 지문이 길어지면서 내용 파악도 힘들었다. 그래서 교과서나 수업 시간의 내용을 효과적으로 정리하고 요약하는 데 어려움을 겪고 있었다.

만약 아이의 지능이 또래보다 낮다면, 정서적 안정감을 충분히 제공하고 관심과 인정 욕구를 충족해 준다고 해도 문제가 해결되지는 않는다. 이러한 경우, 인지적으로 부족한 부분을 아이의 수준에 맞춰 차근차근 반복 학습할 수 있도록 도와주어야 한다.

그러나 현재 학교나 학원에서 이루어지는 학습은 아이 개인의 수준을 고려하기보다는 학년에 맞춰 진행되거나, 심지어 학년보다 더 높은 수준의 선행 학습을 요구하는 경우가 많다. 이로 인해 지능이 낮은 아이들은 학습 과정에서 더 큰 어려움을 겪을 수밖에 없다.

따라서 아이의 수준에 맞춰 이해하고 반복적으로 학습할 수 있도록 흥미를 유도하면서 설명해줄 수 있는 교사나 교육 기관이 필요하다. 또한 아이의 지능 수준과 특정 지능 요소별 약점을 고려하여 적절한 치료와 맞춤형 학습 지원이 이루어져야 한다.

셋째, 아이의 정서적 안정이다.

아이의 정서가 불안정하지 않은지 확인해볼 필요가 있다. 특히 우울이나 불안이 아이의 학습 효율성과 능력 발휘에 영향을 미치는지 살펴봐야 한다.

아이가 우울하거나 불안한 상태인지 어떻게 알 수 있을까? 아이 스스로 자신의 감정을 인지하고 표현하면 좋겠지만, 대부분의 아이들은 자신의 감정을 정확히 알아차리지 못한다. 만약 인식하더라도 어떻게 표현해야 할지 모르거나, 감정을 해소하는 방법을 모르고, 말해야 하는지조차 확신하지 못하는 경우가 많다.

따라서 부모는 아이의 행동을 세심하게 관찰하며 변화를 주의 깊게 살펴볼 필요가 있다. 아이와 함께 시간을 보내며 기질적·성격적 특징을 이해하고, 기존에 보였던 모습과 현재의 행동을 비교해 변화가 있는지 확인해야 한다. 변화의 폭이 크다면 아이의 정서 상태가 안정적인지 점검해보자.

아이의 정서가 불안정해지는 이유는 여러 가지가 있다. 보통 부모가 정서적으로 안정적일 때 아이도 안정될 가능성이 높다는 것은 잘 알려져 있다. 가정에서 느끼는 안정감이 아이에게 정서적 토대가 되기 때문이다.

하지만 환경의 변화도 아이에게 영향을 줄 수 있다. 동생이 태어나거나 이사로 인한 전학 등의 큰 변화는 불안을 유발할 수 있다. 또한 새 학년이 시작되면서 새로운 선생님과 환경에 적응하는 것만으로도 아이는 스트레스를 받을 수 있다.

사회적인 관계도 중요한 영향을 미친다. 가까웠던 친구와 사이가 멀어지거나, 믿고 의지했던 사람이 곁을 떠나면 정서적으로 불안해질 수 있다.

이렇게 다양한 이유로 정서가 불안정해지면, 아이는 불안한 감정을 안정시키기 위해 많은 에너지를 사용하게 된다. 이 에너지가 불안을 잠재우는 데 쓰이면 주의를 기울이는 힘이 부족해진다. 그 결과, 학습에 집중하기 어려워지고 자신의 능력을 충분히 발휘하지 못하게 된다.

이것은 특히 시험을 볼 때 더 뚜렷하게 나타날 수 있다. 시험은 낯선 분위기에서 평가받는 상황이기 때문에 누구나 불안을 느낀다. 하지만 정서적으로 불안정한 사람은 이러한 상황에서 불안에 빠르고 강하게 영향을 받는다. 불안이 커지면 잘 아는 내용도 잘 생각이 나지 않거나, 예상할 수 있는 문제도 실수를 하게 된다. 심지어 해결할 수 있는 문제도 마치 처음 보는 것처럼 느껴져 당황하게 된다.

멘탈 코칭

아이가 노력하고 있음에도 불구하고 결과가 좋지 않을 때 그 원인에 대해 살펴보았다. 이번에는 각 원인에 따라 어떻게 효과적으로 지원하고 도와줄 수 있는지 알아보자.

첫째, 인지효율성을 높여주자.

기본적으로 지능에 문제가 없고, 열심히 공부하려는 의지가 있으며 꾸준히 책상에 앉아 시간을 보낼 수 있는 아이라면, 효율성을 높여야 한다. 공부를 하고자 하는 마음과 태도가 있어도 학습 방법이 비효율적일 수 있다.

인지효율성은 자신이 가진 능력을 최대한 발휘하여 주어진 시간 내에 효율적으로 문제를 처리하는 능력이다. 효율성이 떨어지는 주요 원인 중 하나는 주의력 부족이므로 주변 정리와 학습 환경을 개선하는 것이 필요하다.

그래도 효과가 없다면 독서실이나 도서관과 같은 외부 환경을 활용한다. 만약 환경을 개선하는 것으로도 해결되지 않는다면, 감독이 필요할 수 있다. 이때 부모가 학습 중 아이 옆에 앉아 책을 함께 읽고 확인해주는 역할을 해주는 것이 도움이 된다. 그러나 부모가 시간이 부족하거나 감정적으로 간섭을 많이 하면 오히려 아이에게 부담을 줄 수 있다. 이 경우에는 전문 선생님을 구해 아이를 도와주는 것도 좋은 방법이다.

아이가 주어진 시간 내에 능력을 최대한 발휘하여 과제를 마치는 경험을 할 수 있게 해야 한다. 일을 끝낸 후에는 충분히 쉬거나 원하는 활동을 할 수 있게 하여 성취감과 만족감을 느끼게 하는 것이 핵심이다. 아이가 내일, 그다음 날에도 꾸준히 노력하여 과제를 끝낼 수 있도록 동기와 목표를 갖게 해야 한다.

둘째, 부족한 부분을 보완해주자.

전공과 직업은 아이가 하고 싶은 일과 잘 맞는 일을 기준으로 선택해야 하지만, 지금 아이에게 필요한 것은 미래를 위한 탄탄한 기초공사다. 좋아하고, 원하는 일만 하며 살 수는 없기 때문에 미래에 도움이 될 수 있도록 일정 기간 동안에는 균형 잡힌 학습이 필요하다.

아이가 특히 힘들어하거나 싫어하는 부분이 무엇인지 파악하는 것이 중요하다. 아이의 약점이 드러났다면, 쉬운 것부터 시작해 반복적으로 학습할 필요가 있다. 부족한 부분을 채우고 더 나아가려는 욕심에 조급해지기 쉽지만, 이해하기 어렵거나 하기 싫어서 약점이 된 부분을 꾸준히 개선해 나가야 한다.

부모는 아이에 대한 기대가 클 수밖에 없고, 아이가 알고 있는 것을 틀리는 걸 용납하기 쉽지 않다. 이때 부모의 기대에 아이가 미치지 못하면 '할 수 있는데 안 하는 것', '반항하는 것'처럼 보이기도 한다. 그래서 평정심을 유지하고 반복 학습을 진행하는 것이 어럽다.

하지만 아이는 다르게 느낄 수 있다. 방금 전까지 이해가 됐던 개념도 헷갈릴 수 있다. 이런 상황을 이해하고 감정적으로 평가하지 않으며, 여러 번 반복해서 설명해주는 것이 중요하다.

만약 설명이 어렵다면, 더 쉽게 이해할 수 있도록 다른 방법을 찾아야 한다. 부모가 이런 접근을 할 수 있다면 아이에게 충분히 도움을 줄 수 있지만, 만약 그렇게 할 수 없다면 전문가의 도움을 받자.

특히 지능이 또래보다 낮은 경우, 아이의 지능 수준에 맞게 가르칠 수 있는 특수교사가 필요할 수 있다. 이런 경우 언어치료, 인지치료, 학습치료 등이 추가적으로 필요할 수 있다.

셋째, 부모 자신을 돌보는 시간을 갖자.

아이의 정서는 부모의 심리 상태를 비추는 거울이다. 아이가 우울하거나 불안하면 자신의 능력을 충분히 발휘하기 어려워진다. 그러므로 아이의 우울과 불안을 낮추는 것이 우선이다. 이를 위해 부모의 심리적 안정 또한 중요한 요소다.

아이는 항상 부모가 어떤 표정을 짓고 있는지, 어떤 말을 하는지, 기분이 어떤지, 무엇을 하고 있는지 세심하게 관찰한다. 그리고 관찰을 통해 부모에 관한 기본적인 데이터를 축적한다. 예를 들어 엄마가 기분 좋을 때 어떤 표정을 짓고, 어떤 말을 자주 하며, 어떤 행동을 하는지와 같은 내용을 기억해 둔다. 또한 기분이 좋을 때와 나쁠 때를 비교하면서 부모의 감정 변화를 이해하는 능력을 키운다.

엄마뿐만 아니라 아빠의 평소 말투와 행동도 아이는 비교하고 기억해 놓는다. 심지어 엄마와 아빠가 서로에게 어떤 영향을 미치는지도 관찰한다. 아이는 이렇게 저장한 데이터를 바탕으로 서로 다른 부모의 반응을 비교하고, '엄마는 아이스크림을 한 개만 먹게 해줘', '아빠는 아이스크림 먹고 싶다고 조르면 엄마 몰래 사줘'와 같은 정보를 활용한다.

부모의 감정에 따른 말과 행동은 그동안 관찰해온 아이에게 많은 영향을 준다. 불안감이 높은 부모라면 아이도 사소한 일에 불안이 커질 수 있고, 우울감이 높은 부모라면 아이도 우울해지거나 의욕이 없어지기 쉽다. 아이는 모방을 통해 성장하고, 언어나 사회적 기술도 부모를 통해 배운다. 부모는 아이에게 가장 가까운 모델로 실제 상황에서 모방할 수 있는 예시를 보여준다.

아이의 감정 상태는 때로 내 감정 상태의 거울이 될 수 있다. 아이가 우울하거나 불안해 보인다면, 그 원인을 나 자신에게서 찾아볼 필요가 있다. 내가 안정적이어야 아이도 마음의 안정이 생긴다. 만약 아이가 힘들어하는 모습을 보인다면, 그때는 부모인 내가 자신을 돌보고 감정을 챙길 시간이 필요하다는 신호일 수 있다. 이런 순간을 그냥 넘기지 말고, 나와 아이 모두에게 중요한 시기로 받아들이자.

사회성이 부족한 아이, 어떻게 키워야 할까요?

상담 사례 중 가장 많은 것이 아이의 사회성 문제이다. 소극적일 때, 자신의 상황이나 감정을 잘 표현하지 못할 때, 작은 일에도 쉽게 상처받을 때, 일어나지 않은 일을 미리 걱정할 때, 힘만 쓰고 다른 해결 방법을 찾지 못할 때, 감정을 격하게 표현할 때, 자주 울 때 등 아이가 걱정될 수 있다.

이미 사회생활을 시작한 경우는 친구들과 잘 지내지 못하거나 따돌림을 받을 때, 선생님에게 의존할 때, 친구들 눈치를 지나치게 볼 때, 한 친구에게만 집착할 때, 팀을 나누는 데 선택되지 않아 화를 낼 때, 규칙을 지키지 않고 무조건 이기려고 할 때, 다른 사람을 배려하느라 자신을 챙기지 못할 때 등이다. 친구에게 의견을 제대로 말하지 못하고 따르기만 하거나, 반대로 자기주장만 지나치게 강해서 친구들이 힘들어하는 상황도 사회성이 부족한 경우에 해당한다.

다음은 사회성이 부족한 아이가 보일 수 있는 행동들이다.

- 혼자 노는 것을 선호한다.
- 두 명 이상의 아이들과 함께하는 협동 놀이를 어려워한다.
- 간단한 규칙이 있는 놀이를 이해하는 데 어려움이 있다.
- 경쟁 게임에서 규칙을 잘 이해하지 못한다.
- 다른 사람에게 관심을 잘 보이지 않는다.
- 타인의 감정을 이해하거나 적절하게 대응하지 못한다.
- 자신의 감정을 이해하고 표현하는 것이 서툴다.
- 자존감이 낮다.
- 집에서는 활발하지만, 밖에서는 위축되고 내성적인 모습을 보인다.
- 또래와 어울리지 못하고 겉돈다.
- 학교에 가기 싫다는 말을 자주 한다.
- 감정 기복이 심한 편이다.
- 대화와 전혀 상관없는 말을 자주 한다.

- 눈치가 없어 어른들에게 꾸중을 자주 듣는다.
- 친구와 어울리기보다 TV, 게임, 핸드폰을 하는 것을 더 좋아한다.
- 수줍음이 많고 자신감이 부족하다.
- 집에서 친구 이야기를 거의 하지 않는다.
- 새로운 것을 싫어하고 자신이 좋아하는 일만 선호한다.

아이들의 삶에서 가장 중요한 존재는 친구이다. 어릴 때는 아이에게 부모가 가장 중요한 존재이고, 부모의 기대와 평가를 신경 쓰며 많은 영향을 받는다. 그러나 성장하면서 아이가 가장 신경 쓰는 대상은 친구로 바뀐다.

이제 아이는 친구가 누구를 좋아하고 싫어하는지, 나를 어떻게 생각하는지, 무엇을 좋아하고 싫어하는지를 중요하게 여긴다. 그 중에서도 가장 신경 쓰이는 것은 친구들에게 보이는 '내 모습'이다. 그래서 친구들에게 인정받기 위해 노력하게 된다.

친구 관계에서 서로 인정받기 위해 노력하는 것은 자연스러운 일이다. 이를 위해서는 상대를 알아야 하고, 나를 알리려면 자신에 대해 표현할 수 있어야 한다. 하지만 사회성이 부족한 아이는 친구에게 인정받고 싶어 하면서도, 자신을 표현하고 친구와의 공통점이나 차이를 이해하는 방법을 모른다. 그래서 친구가 자신을 어떻게 생각할지만 걱정하고, 표현하지 못해 혼자 힘들어한다. 이런 스트레스가 쌓이면 아이는 점점 우울하고 불안해지며, 결국 학업에도 부정적인 영향을 미친다.

아이에게 친구와 노는 시간은 꼭 필요하며, 이는 단순한 즐거움을 넘어 아이의 권리이기도 하다. 친구가 없거나 함께 어울려 놀지 못하면 행복을 느끼기 어렵다. 아이는 친구와 놀면서 자연스럽게 사회적 관계를 배우고, 그 과정에서 행복을 경험한다.

사회성이 부족한 아이는 친구들과 어울려 노는 방법을 잘 모를 수 있다. 하지만 그 이유가 단순한 사회성 부족인지, 자폐스펙트럼 장애나 사회적 의사소통 장애 때문인지 확인하는 것이 중요하다. 많은 부모가 장애를 제때 발견하지 못하고 적절한 치료 시기를 놓치는 경우가 많다.

일반적으로 장애가 있는 아이라면 모든 발달이 늦고 의사소통이 어려우며, 학습도 따라가기 힘들 것이라고 생각하는 경우가 많다. 하지만 일부 아이들은 사회적 관계와 정서적인 부분에서만 어려움을 겪기도 한다.

아이가 어릴 때부터 사람의 반응에 관심이 없거나, 특정한 놀이 방식만 고집하고 다양한 놀이를 즐기지 않는다면 한 번 확인해 볼 필요가 있다. 부모와는 감정 교류를 하고 함께 노는 것처럼 보이지만, 친구들과 잘 어울리지 않는다면 주의 깊게 살펴봐야 한다. 또한 감정을 표현하는 것이 서툴거나, 다른 사람의 감정을 이해하고 공감하는 데 어려움을 느낀다면 전문가의 상담이 필요할 수 있다.

친구들과 어울리긴 하지만 상황을 제대로 파악하지 못해 엉뚱한 말이나 행동을 자주 한다면, 이것 역시 체크해볼 부분이다. 아이가 친구 관계에서 어려움을 겪고 있다면, 그 원인을 정확히 파악하는 것이 중요하다.

다른 사람과 관계를 맺으려면 먼저 나 자신을 알고 표현할 수 있어야 한다. 내가 나를 알지 못하면 상대에게도 나를 제대로 알릴 수 없기 때문이다. 또한 내 생각과 감정을 표현하지 않으면 타인은 나를 이해하기 어렵다.

이러한 표현 방법은 어릴 때부터 배우는 것이 중요하다. 특히 가정에서 부모가 감정을 표현하는 모습을 보여주면, 아이는 자연스럽게 모방하며 배운다. 하지만 부모가 감정을 표현하지 않으면 아이는 어떻게 표현해야 하는지 배우지 못한다. 그래서 가정에서의 감정 교류가 중요하며, 부모의 역할이 사회적 관계 형성에도 큰 영향을 미친다.

예를 들어 부모가 자주 싸우거나 감정을 격하게 드러내면 아이는 그런 표현 방식만 배우게 된다. 결국 감정을 조절하거나 건강하게 해소하는 법을 익히지 못하고, 극단적인 방식으로만 표현하게 될 가능성이 높다. 중요한 것은 '부모가 싸우지 않는 것'이 아니라, 서로 감정을 표현하는 방식을 보다 건강하고 긍정적으로 바꾸는 것이다.

부모가 감정을 표현하는 데 서툴다면, 놀이를 통해 아이에게 감정을 표현하는 방법을 가르칠 수 있다. 아이의 나이에 맞는 놀이를 부모와 함께하면서 자연스럽게 감정을 표현하고 나누는 방법이다. 부모와 함께하는 놀이시간은 유대감을 높이는 것뿐만 아니라, 아이의 사회성을 키우는 데도 도움이 된다. 그래서 아이가 친구들과 잘 지낼 수 있는 능력을 키우는 데 중요한 역할을 한다. 부모와의 놀이시간 외에도 친구들과의 놀이 경험을 많이 제공해야 아이의 사회성이 길러진다.

감정이나 놀이를 책만으로 배우기는 어렵다. 책을 통해 이해하고 표현하는 방법을 알 수는 있지만, 실제 사람과 얼굴을 보고 눈을 맞추며 가볍게 몸을 접촉하는 방식으로 감정을 교류해야만 다양한 상황에서 적용할 수 있다. 사회성이 부족한 아이는 부모와의 놀이시간을 늘리고, 또래와의 관계를 많이 경험할 수 있도록 충분한 놀이시간을 마련해 주어야 한다.

멘탈 코칭

성인이 아이들보다 조금 더 나은 점은 삶의 경험을 통해 어려운 상황이나 상처를 대처하는 능력이 길러졌다는 것이다. 이 과정에서 문제를 해결하는 능력, 즉 융통성이 생긴다. 문제해결 능력을 키우려면 문제의 원인과 상황, 당시의 감정 그리고 함께 있었던 사람의 마음을 잘 이해해야 한다. 이것이 바로 분위기 파악이다.

분위기를 잘 파악하려면, 내 감정을 이해하는 것뿐만 아니라 다른 사람들의 감정도 이해해야 한다. 내 감정과 다른 사람의 감정이 다를 수 있다는 것을 알고, 내가 예상하지 못한 상황도 생길 수 있다는 걸 이해하는 것이 유연한 사고다.

유연한 사고를 가지고 있으면 현재 상황이 내 생각과 다를지라도, 내 감정과 타인의 감정을 고려하여 상황에 맞게 대처할 수 있다. 분위기에 맞는 행동과 말을 하려면, 먼저 자신의 감정이 다양하다는 것을 이해하고 표현할 수 있는 능력이 필요하다. 감정을 다양하게 표현할 수 있어야 타인도 나와 비슷한 감정을 느낄 수 있고, 나와 다른 감정을 가질 수도 있다는 것을 이해할 수 있기 때문이다. 아이의 사회적 기술을 키워주는 방법을 알아보자.

첫째, 부모가 감정을 억제하거나 회피하지 않는다.

아이가 사회성이 부족하다고 느껴질 때 그 모습에서 부모의 모습이 많이 보일 것이다. 특히 타인 앞에서 감정을 표현하지 못하는 아이를 보면, 부모도 감정을 억제하거나 회피하는 경향이 있어 잘 드러내지 않거나 표현하지 못하는 경우가 많다.

만약 '아니요, 저는 아이와 다르게 감정을 잘 드러내요. 그래야 속이 시원해요'라고 생각한다면, 감정을 격하게만 표현하는 것은 아닌지 돌아볼 필요가 있다. 기쁜 일이 있을 때, 화가 나고 짜증이 날 때 감정을 표현하는 것보다 더 중요한 것은 왜 그런 감정이 생겼고 어떤 감정인지 설명할 수 있는 능력이다.

아이는 가장 먼저 부모를 따라 한다. 대개 아이의 언어 발달에는 신경을 쓰지만, 감정을 표현하는 방법에 대해서는 소홀한 경우가 많다. 그러나 감정은 언어만큼 중요하기 때문에 감정을 어떻게 표현하고 다루어야 하는지 가르쳐야 한다. 아이는 성장하면서 언어 능력과 소통 능력이 향상되고 인지적 능력도 발달하여 학습에 집중하게 되는데, 이 과정에서 다양한 상황에 따라 감정도 발달하게 되므로 감정 교육 또한 함께 이루어져야 한다.

아이의 나이에 맞게 감정을 표현하고 따라 할 수 있도록 부모가 감정을 잘 인식하고 표현해야 한다. 이렇게 부모와 아이가 서로 감정을 이해하고 나누면, 아이는 자라면서 친구들과 잘 어울릴 수 있는 사회성을 기를 수 있다.

아이에게만 책을 읽으며 모르는 단어를 찾아보라고 하지 말고, 부모도 다양한 감정이 어떻게 표현되는지 찾아보고 일상에서 적용해보자. 아이는 부모가 사용하는 표현을 듣고 모방하면서 자연스럽게 감정을 표현하는 방법을 익힐 수 있을 것이다.

내 감정을 받아주는 사람이 있어야 감정 표현이 쉬워진다. 만약 거절당하면 그다음부터는 감정을 표현하기 어려워지고, 차라리 표현하지 않는 것이 더 편하다고 생각할 수 있다. 부모는 아이의 감정을 수용하고, 부부간에도 서로의 감정을 존중하며 받아들여야 한다. 이런 환경이 조성되면 감정을 자유롭게 표현하고, 대화와 감정 교류가 원활하게 이루어질 수 있다.

둘째, 질문을 통해 개인이해지능을 높여주자.

심리학자 하워드 가드너(Howard Gardner)의 다중지능 이론에서는 지능을 언어지능, 논리-수학지능, 공간지능, 음악지능, 신체-운동지능, 대인관계지능, 개인이해지능, 자연지능으로 나눈다. 이 8가지 지능은 독립적으로 존재하면서 상호보완을 한다.

가드너는 성공한 사람들의 지능을 분석한 결과, 그들이 뛰어난 전문성을 가지고 있을 뿐만 아니라 공통적으로 대인관계지능과 개인이해지능이 높다고 말했다.

대인관계지능은 관계를 잘 형성하고, 다른 사람의 감정과 동기, 의도를 이해하고 상호작용하는 능력이다. 대인관계지능이 뛰어난 사람들은 타인의 감정을 잘 파악하고 사람들과 원활하게 소통한다.

개인이해지능은 자신의 감정, 생각, 목표를 잘 이해하고 이를 효과적으로 관리하는 능력이다. 자신에 대해 깊이 성찰하고 행동하는 사람들에게 해당된다. 개인이해지능이 높은 사람은 자기 자신을 잘 인식하고, 감정을 조절할 수 있다.

대인관계지능이 높은 사람은 사회적 관계가 원활하다. 이 지능은 개인이해지능과 밀접하게 연결되어 있는데, 자신을 잘 이해하고 감정을 조절하는 능력이 바탕이 되어야 타인을 이해하고 효과적으로 소통할 수 있기 때문이다. 그래서 대인관계지능을 향상시키기 위해서는 먼저 개인이해지능을 높여야 한다.

아이들의 개인이해지능을 높이는 방법은 자율성과 선택권을 주는 것이다. "오늘 저녁에 뭘 먹고 싶어?", "주말에 어디 가고 싶어?", "무슨 놀이를 할까?"와 같은 질문을 통해 아이의 의견을 묻고, 그 의견을 적극적으로 들어주는 것이다.

만약 아이가 말한 것을 모두 들어줄 수 없는 때는 선택지를 제공하는 방식으로 대화를 이끌어갈 수 있다. 예를 들어 "오늘 저녁에 고기와 생선 중 어떤 걸 먹을래?", "주말에 나들이 갈 때 공원과 산 중에 어디가 좋을까?", "보드게임 중 어떤 걸 하고 싶어?"와 같이 선택지를 주어 아이가 고를 수 있게 한다.

이렇게 제한된 선택지를 제공함으로써 아이는 자신이 원하는 것과 선호를 이해하고 표현할 수 있는 기회를 갖게 된다. 이 과정에서 아이는 의견을 존중받는 경험을 하고 선택에 대한 책임감을 느끼며 자신을 더 잘 이해할 수 있게 된다.

형제나 친구와 갈등이 생겼을 때 개인이해지능을 높일 수 있는 기회로 삼을 수 있다. 아이가 형제와 싸웠을 때 부모는 보통 아이들을 함께 혼낸다. 왜 싸우게 되었는지 아이들의 감정은 들여다보지 않고 싸웠다는 이유만으로 혼내게 되는 경우가 많다.

아이들의 개인이해지능을 높이기 위해서는 함께 훈육을 한 후 따로 불러 이야기를 들어주는 것이 효과적이다. "첫째 먼저 엄마와 대화하고 둘째는 잠시 기다려"라고 말한 뒤, 첫째 아이를 둘째 아이와 떨어진 방에서 만난다. 아이와 둘만 있는 공간에서 첫째에게 싸움이 벌어진 이유와 감정을 묻고 귀 기울여 듣는다. 이때 "네가 잘못했네" 또는 "그래도 싸움은 잘못한 거야"와 같은 비판적인 말은 피하고, 대신 "그래서 그렇게 된 거구나" 또는 "속상해서 화가 났겠구나"와 같은 공감의 표현을 사용한다. 충분히 공감한 후에는 "다음부터는 싸우기 전에 엄마에게 말해주면 좋겠어", "동생에게 이야기해주면 도움이 되지 않을까?"와 같은 해결 방법을 제시한다. 이후 둘째에게도 마찬가지로 분리된 공간에서 이야기를 듣고 이 과정을 반복한다.

친구와의 다툼에서도 같은 접근이 필요하다. 아이들은 다툼에서 자신의 입장에서 억울하고 화가 난 감정을 표현한다. 이 감정을 잘 이야기할 수 있도록 도와주고, 경청하며 공감해주는 것이 아이의 개인이해지능을 높이는 데 중요한 역할을 한다.

셋째, 사회적 기술을 훈련시키자.

사회적 기술은 다른 사람과 관계를 만들고 유지하는 데 필요하다. 이 기술은 경험을 통해 배울 수 있으며, 다양한 상황에서 사람들의 감정이나 반응에 맞게 적용해야 한다. 사회적 기술을 구성하는 요소를 알아보자.

대인지각

대인지각은 사람을 만났을 때 처음 드는 생각이나 첫인상을 말한다. 첫인상은 그 사람의 외모, 옷차림, 행동, 말, 표정 등을 보고 형성된다. 다양한 사람을 만나지 않으면 내가 알고 있는 대인지각만으로 선입견이나 고정관념을 갖게 될 수 있다. 사회적 기술을 높이려면 이런 선입견을 깨고 다양한 사람을 만나 경험해보는 것이 중요하다.

대인사고

사람과 관계를 유지하다 보면 다양한 상황이 발생하게 된다. 이 때 우리는 상황을 어떻게 해석할지, 상대방의 행동이 어떤 의미가 있는지 추론하고 평가하는 과정을 거친다. 이것을 '대인사고'라고 하는데, 이 과정에서 대인감정이 생긴다.

대인사고 과정이 잘못되면 오류가 발생할 수 있다. 이러한 오류에는 흑백 논리, 다른 사람의 마음을 단정 짓는 독심술적 사고, 자신의 감정을 무조건 옳다고 결론짓는 감정적 추리 등이 포함된다. 대인사고에 따라 대인감정과 대인행동이 결정되기 때문에 사회적 기술을 높이기 위해서는 상황의 의미를 추론하고 평가하는 과정이 정확하게 이루어지고 있는지 확인해야 한다.

대인감정

대인관계에서 서로 감정을 주고받는 반응을 대인감정이라고 한다. 사회성이 좋은 사람은 대인감정을 잘 이해하고 표현할 수 있다. 대인사고를 하는 과정에서 긍정적 감정과 부정적 감정 모두 생길 수 있다. 사회적 기술을 키우려면 긍정적인 감정과 부정적인 감정을 표현할 수 있는 어휘를 다양하게 알고 있어야 하고, 감정을 편하게 표현할 수 있는 환경이 제공되어야 한다.

대인행동

사람과의 관계에서 나타나는 행동을 대인행동이라고 한다. 대인행동은 자발적인 행동으로, 타인의 반응을 끌어내기도 하고 타인의 반응에 맞추기도 한다. 대인행동은 소극적일 수도 적극적일 수도 있으며, 사람마다 다르게 나타난다.

사람들 속에서 적절한 행동을 하려면 사회적 눈치가 있어야 하고, 상황에 맞게 행동해야 한다. 사회적 눈치가 없으면 뻔뻔하거나 비굴하게 보일 수 있고, 타이밍을 놓치면 충동적인 사람으로 기억되거나 후회만 남을 수 있다.

사회적 기술은 관계에서 만족과 성공을 이끌어낸다. 아이에게 분위기를 파악하고, 적절한 시점에 공감, 이해, 거절 등 표현할 수 있는 능력을 길러주자.

6장

시기별 달라지는
부모의 역할

초등 저학년,
조급해하지 말고 한 걸음씩!

　초등 저학년 때 생활 습관의 중요성은 아무리 강조해도 지나치지 않는다. 이 시기에 생활 습관을 잡아 놓지 않으면 점점 더 어려워진다. '크면 알아서 하겠지?'라는 안일한 생각은 버려야 한다. 바른 생활 습관이 공부 습관으로 이어지기 때문에 이를 반드시 우선시해야 한다.

　생활계획표를 만들어 지킬 수 있게 하고 스스로 해냈을 때 성취감을 느끼게 하자. 계획에 따라 정해진 시간에 자고 일어나며, 씻고 옷을 입고, 식사하고 준비물을 챙기게 한다. 집에서부터 하루 일과를 스스로 계획하고 정해진 시간 안에 마치는 연습이 되어야 학교에서도 수업시간과 쉬는 시간을 잘 지키고, 주어진 과제를 제때 끝내며, 친구들과 협력하는 능력을 기를 수 있다.

어떤 아이들은 집에서는 잘 안 하지만 학교에서는 잘하는 경우도 있다. 그렇다고 '집에서만 문제구나', '엄마한테만 그러는 거구나' 하고 넘길 일이 아니다. 학교에서 잘한다는 평가는 일시적일 수 있고, 결국 집에서의 모습이 드러나게 마련이다. 따라서 학교에서 잘한다는 말에 안심하지 말고, 집에서부터 좋은 습관이 자리 잡을 수 있도록 만들어야 한다.

집에서 새는 바가지는 학교에 가서도 샌다

학교에 입학하거나 학년이 바뀌는 것은 아이에게 매우 큰 변화이다. 변화에 맞추어 방을 새롭게 꾸미는 경험은 성취 의욕을 불러일으킨다. 방을 독립된 공간으로 느끼고 스스로 책임지며 정리할 수 있도록 아이의 의견을 반영해 꾸미게 해주면 책임감과 창의성을 기를 수 있다. 또한 개인 정리함을 주고 스스로 물건을 분류하고 정리하게 하면 독립심과 자율성도 함께 키울 수 있다.

생활 습관을 잡아가는 과정에서 주의할 점이 있다. 아이가 규칙을 익히고 실천할 수 있도록 도와주어야 하지만, 부모가 지나치게 개입하면 오히려 독립심을 저하시킬 수 있다. 생활 습관을 형성할 때 고려해야 할 점에 대해 살펴보자.

- "씻어", "밥 빨리 먹어" 같은 명령은 하지 말고, 재촉하는 것도 삼가자.
- 부모가 대신할 일이 아니라 아이 스스로 해야 할 일이다. 주도적으로 할 수 있게 돕자.
- 시간에 너무 집착하지 말자. 부모가 나서게 되는 가장 큰 이유는 시간이 부족하기 때문이다. 충분한 시간을 확보하고 느긋하게 기다려 주자.
- 형제끼리 비교하지 말자.
- 형제에게 같은 생활계획표를 적용하지 말자. 각자의 생활 리듬에 맞춘 계획이 필요하다.
- 공부와 숙제 시간을 정한 뒤 남는 시간에 놀이시간을 배정하는 것이 아니라, 놀이시간을 먼저 확보해주자.
- 부부가 생활계획표를 공유해 한 사람이 육아를 전담하지 말고 서로 쉬는 시간을 나누어 갖자.

읽기 습관 만들기

많은 부모들이 책 읽기의 중요성을 알고 있어 입학 전부터 독서 습관을 길러주기 위해 노력한다. 읽기 연습을 미리 해두면 초등학생이 되었을 때 막힘없이 읽을 수 있다. 읽기가 어려우면 어휘를 익히고 내용을 이해하는 속도가 느려질 수밖에 없다. 반대로 책을 자연스럽게 읽을 수 있으면 친구들 앞에서 말을 하거나 발표할 때 자신감이 생긴다. 익숙한 책을 술술 읽는 것만으로도 생각을 정리하고 감정을 표현하는 데 도움이 된다.

책을 선택할 때는 아이가 좋아하는 책으로 시작하고, 관심 있는 주제와 연관된 책을 고르는 것이 좋다. 단순히 읽는 시간을 확보하는 것보다, 부모와 함께 책을 고르는 과정과 책을 선택하는 경험 자체가 독서 습관 형성에 중요한 부분이 된다. 또한 "몇 시까지 책 읽자" 하는 것보다는 "몇 시까지 이 책을 읽고 이야기 나누자"처럼 독서 후 대화를 유도하는 방식이 더 효과적이다.

책을 읽을 때 주의할 점

1. 아이의 수준에 맞는 책을 고른다.

책을 읽을 때 한 페이지에 모르는 어휘가 5개 이상 나온다면, 아이의 수준보다 어려운 책일 가능성이 높다. 너무 어려운 책을 읽으면 공부하는 느낌이 들어 흥미를 잃기 쉽고, 내용을 이해하기도 어려워진다. 이러한 경우 뒷부분에 대한 호기심이 줄어들어 끝까지 읽기 힘들어질 수 있다.

2. 소리 내어 읽게 한다.

한 연구에 따르면 정보를 청각으로 들었을 때 72시간 후에 10%

만 기억하는 반면, 시각으로 본 경우에는 20%, 눈으로 보면서 들었을 때는 65%를 기억한다고 한다. 따라서 소리 내어 읽으면 오래 기억에 남게 된다. 만약 아이가 소리 내어 읽기를 싫어한다면, 부모가 대신 읽어주고 아이가 글을 따라 보게 하는 것도 효과적이다.

3. 모르는 어휘나 표현은 따로 기록하고 활용하게 한다.

책에서 어려운 단어가 나오면, 부모가 바로 뜻을 알려주기보다는 아이가 문맥을 통해 유추하는 습관을 기를 수 있게 해주자. 해당 어휘를 적고, 그것을 활용해 문장을 만들어보는 것도 좋은 방법이다. 이때 중요한 것은 단순히 외우는 것이 아니라, 정확한 의미를 이해하고 자연스럽게 익히는 것이다.

쓰기 습관 만들기

조선 최고의 실학자 정약용, 낭만주의 음악의 선구자 베토벤(Ludwig van Beethoven), 천재 물리학자 아인슈타인(Albert Einstein)의 공통점은 무엇일까? 바로 필기도구를 항상 곁에 두고 메모를 생활화했다는 점이다. 메모와 노트 정리는 천재들의 공통된 습관으로 더 많은 개념을 이해하고 오래 기억하는 데 필수적이다.

쓰기 습관을 길러두면 초등뿐만 아니라 중고등학교에 가서도 학습은 물론 생활 전반에 큰 도움이 된다. 이런 이유로 초등학교에서는 1학년부터 알림장을 쓰도록 지도한다. 집중력과 이해력을 높이는 데 쓰기만큼 효과적인 활동이 없기 때문이다.

집에서도 쓰기 연습을 시키자. 꼭 글을 쓰지 않아도 된다. 그림 그리기, 간단한 메모 남기기, 일정 정리하기 등 아이의 사고력과 표현력을 키우는 데 도움이 된다.

도덕성 강조하기

집에서 부모님께 예의 있게 행동하고 거짓말을 하지 않으며 형제에게 양보하고 배려하는 습관을 기르면, 아이는 밖에서도 선생님께 예의를 지키고 거짓말을 하지 않으며 친구들과 잘 협력하게 된다. 초등학교 저학년 때는 공부뿐만 아니라 도덕성도 강조해야 한다.

수많은 연구 결과를 통해 도덕성이 높은 아이들이 학업에서도 우수한 성과를 거두는 것이 밝혀졌다. 도덕성은 아이가 책임감을 가지고 일을 처리할 수 있는 바탕이 되고, 나아가 부모나 선생님의 도움 없이도 독립적으로 학습할 수 있는 능력을 키워준다.

기본적인 예의와 매너, 사회의 규칙과 질서, 친구들과의 협력과 배려, 약자에게 양보하는 태도를 배울 수 있는 환경을 만들어 주어야 한다. 부모가 먼저 좋은 모습을 보이는 것이 중요하며, 부모의 행동은 아이에게 자연스럽게 영향을 준다.

아이가 어른이나 친구를 속이기 시작하는 시점은 보통 초등 저학년 시기이다. 아이가 거짓말을 했다면 넘어가지 말고 잘못을 인지시켜야 한다. 특히 관심을 끌거나 자신의 욕심을 채우기 위해 다른 사람의 물건을 훔치거나 숨기는 행동은 어떤 이유가 있더라도 반드시 훈육을 하고 책임을 지게 한다. 이후에는 아이가 자신의 잘못을 반성하고, 왜 그런 행동을 했는지 원인을 찾아 해결해주는 과정이 필요하다.

아이의 거짓말이나 문제 행동 뒤에는 항상 원인이 있다. "몰랐어요" 또는 "그러고 싶었어요"라는 말을 듣고 그대로 넘겨서는 안 되며, 아이가 정말 몰랐는지 그리고 그 행동을 왜 하고 싶었는지 세심하게 살펴봐야 한다.

아이의 친구들 중 거짓말을 자주 하는 아이가 있다면 잘못을 했을 때 제때 부모가 적절히 개입하는지 확인해야 한다. 가까운 친구가 도덕성이 떨어지면 잘못된 행동이나 생각이 영향을 줄 수 있다.

특히 아이가 또래보다 나이가 많은 아이들과 어울린다면, 무엇을 하면서 시간을 보내고 어떤 이야기를 나누는지도 알아볼 필요가 있다. 나이만큼 다양한 경험과 지식이 쌓이지만, 그 지식이 항상 정확한 것은 아니기 때문에 잘못된 정보가 전달될 위험이 있다.

부모들이 친목 모임을 할 때 아이들을 큰 아이에게 맡기기도 하는데, 이때 아이들이 잘못된 성지식이나 문제 행동을 배울 위험이 있다. 가까운 관계라 아이를 꾸짖기 어려운 경우가 많고, 어른들끼리 갈등이 생기기도 쉽다. 아이의 행동이 잘못되었다는 걸 부모가 알지 못하는 경우라면, 그건 아이만의 문제가 아니다. 관계가 나빠질까 봐 걱정하지 말고, 아이에게 도움이 되지 않는 관계는 끊어내는 것이 필요하다.

용돈 관리 습관 만들기

아이들은 사고 싶고 먹고 싶은 것을 쉽게 얻을 수 있는 시대에 살고 있다. 맞벌이 부모가 많고, 조부모가 아이를 돌보는 비율도 높아진 영향도 크다. 하지만 아이가 원하는 것을 바로 얻으면, 욕구를 참는 것이 어려워지고 충동적으로 행동하게 되며, 계획적으로 생각하는 능력을 키우기 어려울 수 있다.

아이들은 숫자를 익힌 후, 시간 개념과 돈의 단위도 배우기 시작한다. 덧셈과 뺄셈을 배우며 쇼핑 놀이를 하고, 심부름을 하면서 일상에서 경험을 쌓는다. 이 시기에는 계산하는 것과 거스름돈 받기뿐만 아니라 돈의 소중함도 알려주어야 한다. 일찍부터 돈의 소중함을 알아야 절제하고 저축하는 방법을 배우며 경제관념이 생긴다.

용돈을 주기 전에 해야 할 일

1. **용돈 항목을 정한다.**

용돈을 사용하는 항목은 가정환경에 따라 달라질 수 있다. 용돈으로 준비물이나 책을 사라고 하면, 돈의 단위가 커져서 아이가 어려워할 수 있다. 그래서 처음에는 용돈 항목을 3개 정도로 정하는 것이 좋다. 아이와 하루의 일과에 대해 이야기 나누며 용돈을 어디에 쓰고 싶은지 정해보자. 처음에는 간식비, 친구 선물, 소액의 문구류 정도가 적합한 항목이다.

2. **용돈 금액을 정한다.**

아이와 함께 용돈 항목을 정했다면 실제로 아이가 언제, 어디서, 얼마를 지출하는지 한 달 동안 파악한다. 달력을 활용해 한 달간 항목과 비용을 기록해보자. 만약 아이가 정해 놓은 항목과 다른 곳에 돈을 썼다면 항목을 다시 조정할 필요가 있다. 이후 용돈 사용 항목과 금액을 다시 정할 때는 실제로 쓴 금액과 비교해 빠듯하게 책정한다.

넉넉하게 주면 돈을 효율적으로 사용하는 방법을 배우지 못할 수 있다. 빠듯하게 주면 아이는 써야 할 돈과 아낄 돈을 생각하며 지출의 우선순위를 정하고, 더 신중하게 소비할 수 있다.

3. 집에서 할 수 있는 아르바이트를 만든다.

아이가 용돈을 관리하다 보면 한 번에 다 쓰고 다음 용돈을 미리 달라고 하거나, 돈을 모두 써버리고는 없다고 말할 때가 있다. 이를 대비해 부족한 돈은 스스로 충당할 수 있도록 해야 한다. 집에서 할 수 있는 아르바이트를 만들어 부족한 돈은 아르바이트를 통해 벌어 쓰도록 한다. 다만, 손 씻기, 숙제하기, 양치하기 등 아이가 당연히 해야 하는 일은 아르바이트 항목에 포함되지 않는다.

가족에게 도움이 되는 일이어야 한다. 집을 구역별로 나누어 생각하면 할 일이 많다. 예를 들어 주방에서는 설거지, 식탁 정리, 수저 놓기, 음식물 쓰레기 버리기, 거실에서는 환기, 먼지 청소, 소파 정리, 책꽂이 정리, 화분에 물주기 등이 있으며, 화장실에서는 세면대 닦기, 거울 닦기, 화장지 채우기, 수건 교체, 쓰레기통 비우기 등을 아르바이트로 만들 수 있다.

아르바이트를 만들 때는 수행 규칙도 함께 정해야 한다. 예를 들어 '화장지 바꾸기'는 교체 시기가 아닌데 바꾸거나, 화장지를 교체했을 때 다 사용한 화장지 심이 화장실에 있다면 일을 제대로 마친 것이 아니다.

아르바이트 항목을 정하고 적절한 금액을 책정한 뒤에는 아이에게 아르바이트 수행 규칙을 명확히 설명해야 한다. 그리고 규칙에 따라 작업을 완수했을 때만 아르바이트비를 지급한다.

4. 용돈기입장을 적는다.

요즘에는 아이들을 위한 용돈기입장이 잘 나와 있다. 용돈기입장에서 중요 항목은 지난주에 쓰고 남은 용돈과 이번 주에 받은 용돈을 기록하는 부분이다. 이와 함께 필요한 물건과 사고 싶은 물건이 생기면 적게 하자.

아이와 함께 다니다 보면 아이가 갖고 싶은 물건을 이야기한다. 부모는 흔히 "나중에 사줄게"라고 말하며 넘기지만, 아이에게 사고 싶은 물건을 용돈기입장에 적게 하면 용돈을 받은 후 필요한 것을 먼저 사고, 남은 돈을 저축하면서 저축의 개념을 익히게 된다. 또한 모은 돈으로 원하는 물건을 사는 경험을 통해 계획적인 소비 습관을 기를 수 있다.

이 과정은 아이가 용돈을 통해 목표를 세우고 관리하며, 저축하는 법을 배우고, 현명하게 소비하는 습관을 기르는 데 효과적인 방법이 될 것이다.

아이에게 용돈을 줄 때는 일주일 단위로 일요일 저녁에 주는 것이 좋다. 성인과 마찬가지로 아이들도 주말에 지출할 일이 많기 때문이다. 용돈을 미리 주면 주말 동안 과소비할 위험이 있지만, 일요일 저녁에 주면 계획적으로 사용할 수 있다.

'공부하자'는 말 대신 아이의 마음을 움직이는 법

부모에게 아이의 공부 습관을 길러주는 것은 중요한 목표 중 하나이다. 아이가 공부를 당연히 해야 할 일로 여기고, 정해진 시간에 책상에 앉아 스스로 공부한 후 "오늘 할 일을 다 했다"며 쉬는 습관이 자리 잡는다면, 부모가 굳이 공부하라는 잔소리를 할 필요가 없을 것이다.

그러나 아이가 어릴수록 '공부하자'는 말을 되도록 하지 않는 것이 좋다. 하기 싫은 일을 억지로 강요하면 "공부하자"라는 말을 듣는 순간 아이의 머릿속에서는 자동으로 '아, 하기 싫은데!'라는 생각이 떠오르게 된다. 이 반응이 반복되면 '공부 = 하기 싫은 것'이라는 공식이 뇌에 각인되어 버린다.

아이가 공부를 자연스럽게 받아들이도록 하려면 강요가 아닌 전략이 필요하다.

1. 동기 전략

아이가 흥미를 가질 수 있도록 학습에 대한 긍정적인 마음을 심어주자. 아이가 조금이라도 공부와 관련된 것에 흥미를 보이면 바로 실행에 옮긴다. 함께 질문하고, 찾아보고, 직접 경험하거나 실천하면서 배움의 기쁨을 느끼게 해주는 것이 좋다. 특히 아이가 무언가를 궁금해할 때 그 순간을 놓치지 않고 적극적으로 반응하는 것이 중요하다.

2. 인지 전략

자신이 배운 내용을 다른 사람에게 설명하면 내용의 70~80%가 효과적으로 기억된다고 한다. '선생님-학생 놀이'를 통해 아이가 선생님 역할을 맡게 해주자. 아이가 어려워하는 개념을 직접 설명하게 하거나, 부모가 아이에게 배운 내용을 가르쳐달라고 요청하는 방식이다. 이 방법은 여러 학술자료에서도 효과적인 학습법으로 언급된 바 있다.

3. 행동 전략

생활계획표는 시간을 기준으로 세우지만, 공부계획표는 시간보다 학습량이 더 중요하다. 매일 일정한 페이지 수를 목표로 설정하고, 그만큼 공부하는 것이 효과적이다. 이때 부모가 무리한 학습량을 정하는 것은 피해야 하며, 아이 스스로 자신의 학습법에 맞춰 계획을 세우게 한다.

지속 가능한 공부 체력 만들기

공부 체력을 키우려면 매일 조금씩 해야 한다. 처음에는 짧은 시간 동안 집중하는 연습을 하고, 점차 시간을 늘려간다. 훈련이 되면 더 오래 집중할 수 있다.

뇌를 깨우는 시간

눈을 뜨자마자 바로 무언가를 시작하기보다는 뇌를 깨우는 시간을 갖는 것이 좋다. 뇌도 하루를 시작하기 전 준비할 시간이 필요하다. 알람을 기상 시간보다 30분 일찍 설정하고 10분 간격으로 울리게 하면, 선잠을 자면서 뇌를 서서히 깨울 수 있다. 이 과정에서 30분간 가벼운 잠을 자지만, 뇌를 활성화하는 데 도움이 된다.

수면연구 저널에 실린 스웨덴 스톡홀름대학교의 연구결과에 따르면, 알람이 울리자마자 바로 일어난 사람보다 알람을 끄고 선잠을 자다 일어난 사람이 수학 문제풀이와 기억 및 집중력이 더 뛰어난 것으로 나타났다. 잠에서 깬 후 뇌에 충분한 전환 시간이 주어질 때 인지 능력이 향상되기 때문이다. 다만, 알람을 세 번 이상 끄고 계속 잠을 자면 오히려 피로감이 증가할 수 있다는 점은 주의하자.

기상 시간 전 미리 알람을 설정하는 방법 외에도 기상 후에 뇌를 깨울 수 있는 방법은 다양하다.

- 머릿속으로 숫자를 세거나 노래를 부른다.

- 머릿속으로 오늘의 일과를 떠올린다.
- 알람이 울리면 기지개를 쭉 켠다. 기지개 켜기를 5회 반복한다.
- 앉아서 스트레칭을 한다.
- 이불을 갠다.

이중 매일 할 수 있는 것을 선택하여 1~5분 정도 뇌 깨우는 시간을 갖게 해보자.

한 가지에 몰입하기

아이마다 공부 체력이 다르기 때문에 훈련하는 방법도 맞춤형으로 접근해야 한다. 예를 들어 초등 1학년이라면 쉬운 사칙연산 문제를 1분 동안 10개 풀게 한다. 목표는 5분 동안 집중력을 유지하며 문제 50개를 푸는 것이다. 시간이 지나 공부 체력이 쌓이면 매일 5분 안에 문제 70개 푸는 습관을 만든다. 하지만 5분을 넘겨 더 많은 문제를 풀게 하지는 않는다.

또 다른 방법은 글씨 쓰기이다. 받아쓰기가 아니라, 책에서 마음에 드는 문장을 따라 쓰거나 눈에 보이는 단어를 나열하는 등 집중하는 시간을 갖는다. 중요한 것은 글씨의 정확성보다 일정 시간 동안 몰입해보는 경험이다.

반드시 학습이 아니더라도 그림을 그려도 좋고, 모형이나 퍼즐을 맞춰도 좋다. 보드게임을 하거나 그림책을 읽는 것도 괜찮다. 중요한 것은 1학년은 10분, 2학년은 20분, 3학년은 30분이라도 의자에 앉아 집중하는 습관을 기르는 것이다. 중간에 자리에서 일어나지 않고 착석하여 몰입하는 시간을 점진적으로 늘려나가자.

매일 꾸준히 하는 힘

매일 최소 30분은 반드시 공부할 시간을 확보하게 한다. 바쁜 일정이 있거나 피곤한 날에도 예외 없이 실천하는 것이 중요하다.

하루 20페이지씩 책을 읽는 것도 효과적이다. 연령대에 맞는 책을 골라 그림만 보거나 글씨를 따라 읽는 것부터 시작해도 좋다. 아이가 관심을 보이지 않으면 부모가 대신 읽어주고, 지루해하면 부모도 옆에서 자신의 책을 읽으며 분위기를 만들어준다. 아이가 책을 제대로 읽었는지 확인하는 것이 목적이 아니라, 꾸준히 공부하는 습관을 만드는 것이 핵심이다.

지우개 사용 제한하기

완벽주의 성향이 강한 아이는 작은 실수도 지우개로 고치려고 한다. 하지만 꼭 지울 필요가 없는 부분까지 수정하느라 시간을 낭비할 수 있으므로 지우개를 적게 사용하는 연습을 통해 작은 실수에 집착하지 않게 한다.

아는 내용을 자주 실수하는 아이에게는 지우개 사용 횟수를 제한한다. 지우개를 꼭 필요한 경우에만 사용하게 하고, 답을 수정할 기회는 한 번뿐이므로 처음부터 신중하게 적도록 연습시킨다.

초등 수학, 국어 실력이 핵심이다

초등 수학을 잘하려면 국어 실력을 먼저 다져야 한다. 많은 부모들이 초등학교 시절 예체능을 하나씩 배우게 하고 다양한 영역의 능력을 키워주려고 노력하지만, 수학 실력의 바탕이 되는 국어 학습에는 그만큼 신경 쓰지 않는 경우가 많다.

문장의 뜻을 파악하지 못하면, 서술형 수학 문제를 해결할 방법이 없다. 아이에게 수학 문제를 읽어보라고 한 뒤, 문제에서 요구하는 것이 무엇인지 물어보자. 아이가 문제의 내용을 이해하지 못한다면 국어 실력을 먼저 길러야 한다. 서술형 문제를 풀게 하기 전에 아이가 문제를 이해할 수 있는지 확인해보자.

수학은 풀이 과정에서 한 번만 실수해도 틀린다. 실수만 줄여도 점수를 지킬 수 있다. 실수를 줄이기 위해서는 문제의 요지뿐만 아니라, 마지막 문장에 집중해야 한다. 여기에는 답을 구하는 데 필요한 정보와 주어진 조건을 어떻게 활용할지에 대한 지침이 있기 때문이다.

반대로, 아이가 문제를 읽고 이해하는 데는 지장이 없지만 서술하는 부분에서 어려움을 겪는다면 '숫자 채워 넣기, 한 줄 채워 넣기, 절반만 서술하기'와 같은 방식으로 해답을 참고하여 단계적으로 안내해주는 것이 서술형 수학 문제를 시작하는 데 도움이 된다.

높은 자존감과 회복탄력성도 반복 학습이다

자존감과 회복탄력성이 높은 아이들은 친구들과 좋은 관계를 유지하고, 친구들로부터 상처받는 일이 적으며, 학습에서도 끈기 있게 도전하고 쉽게 좌절하지 않는다. 자존감과 회복탄력성이 높은 아이들의 공통점은 바로 높은 긍정성이다. 이들은 자신의 장점과 단점을 잘 알고, 장점에는 확신이 있고 단점은 보완할 수 있다고 생각한다. 그렇다면 아이의 긍정성을 높여주는 방법은 무엇일까?

아이 주변에 긍정적인 사람들이 많으면 좋다. 특히 아이에게 가장 가까운 부모가 긍정적인 태도를 가져야 한다. 부정적이고 비판적인 부모는 다른 사람의 의견에 대해 "아니"라는 말로 시작하는 경우가 많다. 이런 태도는 자신이 상대보다 높은 위치에 있다고 생각하기 때문에 나오는 것이다. 그들은 타인의 의견에서 잘못된 점을 지적하고 합리적으로 설명한다고 생각하지만, 실제로는 자신의 우월감을 드러내는 것에 불과하다.

타인은 그 지적을 긍정적으로 받아들이지 않는다. 상대를 배려하지 않는 사람, 함께하고 싶지 않은 사람이라고 생각하게 만든다. "힘들겠어", "어려울 것 같아", "안 되겠지?", "할 수 있겠어?"와 같은 부정적인 말은 도전하려는 사람의 사기를 떨어뜨린다.

많은 부모들이 어린 자녀와 상담을 함께 왔을 때 "와, 저기 봐! 재미있겠다. 선생님이랑 신나게 놀 거야"라고 말하는 부모도 있고, "왜? 무서워? 낯설어서 그런 거구나"라고 말하는 부모도 있다. 부모가 아이의 기분을 읽어주려고 노력한 것이지만, 새로운 장소나 낯선 사람에 대한 두려움만이 전부가 아니라는 점을 알려주면 아이는 더 쉽게 다가가고 적응할 수 있다. 새로운 사람을 만나고 새로운 곳에 가는 것이 재미있고 신나는 경험이 될 수 있다는 점을 먼저 알려주면, 아이는 열린 마음으로 세상에 다가갈 수 있게 된다.

아이는 아직 새로운 경험과 도전을 많이 해본 적이 없기 때문에 실수나 실패를 두려워할 수밖에 없다. 하지만 부모가 실수와 실패를 막아주기 위해 미리 나선다면 아이는 중요한 경험의 기회를 빼앗기게 된다.

아이가 새로운 경험을 통해 스트레스를 받을 수 있지만, 그 경험이 쌓여 미래의 다양한 상황과 관계에서 대처하는 능력이 된다. 실수와 실패를 극복하면서 얻은 성취감은 아이가 자신을 긍정적으로 바라보게 하고 자존감을 높여준다. 또한 크고 작은 실수나 실패를 겪더라도 스스로 극복할 수 있는 회복탄력성이 생긴다.

아이의 긍정적인 경험을 미리 차단하거나 기회를 빼앗지 말자. 그 기회들이 아이에게 문제를 해결하는 힘이 된다.

하루 최소 2시간은 놀게 하자

"○○야, 놀자~!"

우리가 어릴 적 골목에서 자주 들리던 소리였고, 친구 집 문 앞에서 자주 외치던 말이기도 했다. 하지만 요즘은 어른들보다 아이들이 더 바쁘다. 다른 아이들은 학원을 여러 개 다니며 이미 선행을 하고 있다. 마음이 급하고 우리 아이가 뒤처질까 걱정되지만, 그럼에도 불구하고 반드시 지켜야 할 것은 놀이시간이다. 아이들에게 가장 중요한 삶의 목적은 바로 놀이이기 때문이다.

부모는 일을 하며 가정을 꾸려나가는 것이 중요하고, 중고등학생은 학업에 집중해야 한다. 하지만 초등학생에게 가장 필요한 것은 바로 놀이이다. 놀이시간은 필수적이며, 하루에 최소 2시간은 충분히 놀아야 한다.

특히 아빠와의 놀이가 중요하다. 엄마는 아이의 일과를 확인하고, 하루를 정리하는 등 아이와의 소통이 많을 수밖에 없다. 그래서 아빠는 몸을 사용하는 놀이를 통해 아이와 유대감을 키우는 것이 좋다. 내가 "아이와 감정을 나누세요"라고 말하면 많은 아빠들이 어려워하지만, 사실 아이와 함께하는 모든 놀이가 감정 교류의 기회다.

특히 몸을 쓰는 놀이를 하면 스킨십을 나누고 함께 웃으며 땀을 흘리는 과정에서 자연스럽게 서로의 감정을 묻고 확인할 수 있다. 야구나 축구를 배우고 함께 응원하는 팀을 만들어 시즌마다 응원에 참여하면 감정이 더 끈끈해진다. 또한 스포츠를 통해 규칙을 배우고 지키면서 실전을 연습할 수 있다.

하루 종일 학교와 학원을 다닌 아이가 맞벌이 부모와 만나는 시간은 저녁이다. 이때는 아이에게 숙제나 공부를 시키기보다는 부모와 함께 시간을 보내며 놀 수 있도록 해주자. 우리도 하루 일과 후 편안하게 쉬고 싶듯이 아이 역시 마찬가지다. 아이도 긴 하루를 마치고 나면 충분히 쉴 시간이 필요하다. 저녁을 먹은 후에는 놀이와 휴식을 통해 아이가 에너지를 재충전할 수 있도록 도와주자. 이렇게 해야 부모와 아이 모두 행복하고 건강한 관계를 유지할 수 있다.

초등 고학년,
간섭은 줄이고 자율성은 높여주자

생활 습관과 독서 습관이 이미 잘 잡혀 있다면, 사실 공부에 대한 걱정은 덜어도 좋다. 습관은 강력하게 작용하기 때문이다. 습관이 잘 형성된 아이는 비는 시간조차 허투루 보내지 않는다. 자연스럽게 그 시간에 생산적인 활동을 찾아서 한다.

만약 초등 저학년에 이미 좋은 습관이 자리 잡았다면, 아이의 생활계획표에 공부하는 시간도 자연스럽게 포함되어 있을 것이다. 그러나 계획표를 작성했더라도 어떤 것이 중요한지 모르고 헤맨다면, 부모가 먼저 해야 할 과제나 학습의 우선순위를 정하는 데 도움을 주는 것이 좋다. 이후에는 아이 스스로 학습량과 시간을 계획하게 하고 일정이 적절한지 점검해준다. 이 과정에서 부모는 전체적인 틀을 잡을 수 있게 도와주면서 아이가 자율적으로 실천할 수 있도록 과도한 간섭이나 채근은 피해야 한다.

아이의 습관을 다시 점검하라

걱정스러운 것은 초등 고학년이 되었음에도 불구하고 습관이 자리 잡히지 않은 경우이다. 곧 사춘기가 찾아올 것이고, 이제는 좀 컸다고 부모의 말을 쉽게 받아들이지 않기 때문이다.

그런데 여기서 생각해볼 점은 부모가 잔소리해서 억지로 시켰을 때 아이가 공부를 효율적으로 하는가이다. 사실 억지로 하는 공부는 큰 효과가 없다는 것을 부모가 더 잘 알고 있다. 그래서 서로의 힘만 소모되는 싸움은 지속할 필요가 없다.

좋은 습관이 형성되지 않은 상태에서 부모가 억지로라도 시키지 않으면, 마치 아이를 포기하는 것처럼 느껴질 수 있다. 이때 가장 필요한 것은 자책이 아닌 그동안 놓쳤던 부분부터 다시 시작하는 것이다. 공부를 시키는 것, 공부 시간을 늘리는 것, 성적을 올리는 것만 중요한 것이 아니다. 왜 지금까지 공부를 하지 않았는지 원인을 찾고 해결해야 비로소 학습이 가능해진다.

아직 늦지 않았다. 사춘기가 오기 전이고, 아이는 여전히 부모에게 의존하고 사랑받기를 원하며 부모의 말을 무서워한다. 그래서 아직 기회와 시간이 있다. 고학년이 되었으니 알아서 하겠지 하면서 기다리기보다는 저학년 시기에 잡혔어야 할 것들이 제대로 준비되었는지 점검하고, 부족한 부분이 있다면 지금 보완해주자. 중학생이 되기 전에 마지막 기회라는 마음으로 시작해보자.

용돈 관리 습관은 어릴 때부터 길러두면 좋지만 초등 고학년부터 시작해도 늦지 않다. 용돈을 사용할 항목을 정하고, 적절한 금액을 설정한 후 용돈기입장을 작성하는 습관을 들이자. 이 시기를 놓쳐서는 안 된다.

요즘 청소년들의 도박 중독 문제가 심각하다. 아이들에게 도박이 쉽게 노출되도록 만든 사회의 문제이기도 하지만, 충동적이고 절제력이 부족한 아이들이 한 번이라도 경험하면 빠져나오기 어렵다는 점에서 매우 위험하다.

부모도 모르는 사이 게임머니로 주고받던 돈이 결국 빚으로 이어지는 사례가 많다. 이미 중독된 아이들 중에는 돈을 빌리거나, 빚을 갚기 위해 절도까지 저지르는 경우도 있다. 이는 돈의 소중함, 저축의 중요성 그리고 현명한 소비 습관을 배우지 못한 결과다.

도박 중독이 아니더라도, 게임에 중독된 아이들은 게임머니를 실제 돈처럼 인식하지 않고 무분별하게 소비하는 경향이 있다. 이러한 잘못된 소비 습관을 미연에 방지하기 위해서라도 반드시 올바른 용돈사용법을 익히게 해주어야 한다.

지나간 시간을 놓쳤다고 생각하면 후회와 자책만 남는다. 늦지 않았다고 생각하면 달라질 수 있다. 아이는 아직 시작도 하지 않았다. 초등 고학년이라도 저학년 때 기르지 못한 습관이 있다면 점검하고 부족한 부분을 채워주자. 아이의 모습을 되짚어보고 다시 시작해보자.

위생과 외모 관리가 자신감의 시작이다

초등학교에 아이를 입학시킬 때는 준비해야 할 사항이 많아 막막하지만, 시간이 지나 아이가 학교에 적응하면 또래 관계에 신경 쓰다가 자연스럽게 관심이 학습으로 넘어간다.

관계나 학습 외에도 초등 고학년이 되면 꼭 배워야 할 것이 있다. 여자아이들의 생리대 관리와 남자아이들의 위생 관리다. 이때는 아이와 대화하면서 성별에 따른 차이와 조심해야 할 언행에 대해 알려주어야 한다. 2차 성징이 나타나면서 생리가 시작되거나 면도가 필요하다는 것을 알려줄 때는 단순히 설명으로 그치지 말고, 실생활에 적용할 수 있도록 함께 연습해보는 것이 좋다.

여자아이라면 생리대를 바르게 착용하고 관리하며, 사용 후 화장실에서 뒤처리를 깔끔하게 할 수 있는지 확인해야 한다. 공중 화장실에서 놀라거나 안타까울 때가 있다. 그때마다 '가정에서 엄마가 한 번이라도 가르쳐줬을까?' 또는 '엄마가 아이의 성장에 충분히 관심을 기울였을까?'라는 생각이 든다. 아이에게 가정에서 생리대 사용 후 뒤처리하는 방법과 마무리가 깔끔하지 않으면 부끄러운 일이라는 점을 알려주면 공중 화장실에서 매너를 지킬 수 있게 된다.

남자아이들은 손톱, 발톱 깎는 것부터 목 뒷덜미, 귀 뒤, 귓바퀴, 사타구니, 성기, 발까지 온몸을 구석구석 씻는 법을 배워야 한다. 아빠가 함께 목욕하며 씻는 방법을 알려주고, 아이가 잘 성장하고 있는지 문제는 없는지도 이야기를 함께 나누면 좋다.

이 시기 남자아이들은 신체 발달과 힘에 관심이 많기 때문에 아빠가 고민을 나누고 의지할 수 있는 모델이 되어주길 바란다. 기본적인 위생 관리가 잘 이루어지고 2차 성징이 나타났을 때 면도하는 법 등을 함께 배우면, 아이는 또래와의 관계에서 자신감이 생기고 큰 어려움 없이 어울릴 수 있다.

이 시기에 아이들이 외모에 많은 신경을 쓰고, 외모 가꾸기에 시간을 투자하는 것은 당연하다. 눈에 눈곱이 낀 것은 아닌지, 이에 고춧가루가 묻지 않았는지, 앞머리가 가지런히 정리되어 있는지, 가르마가 바람에 흐트러지지 않았는지 신경 쓴다. 또 어떤 옷을 입을지, 옷에 어떤 신발이 어울리는지 심지어 양말의 무늬까지도 신경을 쓴다.

신경을 쓰지 않는 아이라면 학교생활 참여도나 또래 관계에서 문제가 있을 수 있으므로, 아이와 선생님에게 확인하고 살펴보자. 이 나이대 아이들은 서로 신경을 쓴다. 그런데 아이가 이러한 것에 관심을 전혀 보이지 않거나 거부한다면, 그 안에 문제가 있을 수 있다. 또래 관계에서 소극적이거나 수업에 참여하기를 싫어하다가 등교 거부로 이어질 수도 있다.

그러나 아이의 기질과 성격상 외모 꾸미기에 관심이 없다면 문제가 아니므로 지나치게 걱정할 필요는 없다. 다만 이 시기를 놓치면 작은 문제가 중학교에 가서 큰 문제로 이어질 수 있으므로 이 부분은 확인하고 넘어가는 것이 좋다.

아이에게 자신을 관리하는 방법을 가르치는 것은 저학년이든 고학년이든 중요하다. 이 시기에 스스로 해야 할 일을 배우고 실천할 수 있도록 도와줘야 한다. 단, 부모가 대신해주는 것이 아니라 아이 혼자 할 수 있도록 충분한 관심과 지원이 필요하다.

아이가 학교나 학원에서 단체로 소풍을 갔을 때 화장실에 비데가 없어 뒤처리를 못하거나, 편식으로 인해 음식을 먹지 못하는 상황이 생길 수 있다. 이런 경우는 부모가 충분한 교육을 하지 못했거나 아이가 또래에 비해 준비가 부족하다는 의미이지 '부모가 아이를 지극정성으로 돌보고 사랑을 많이 주었다'는 뜻이 아니다. 아이가 나이에 맞는 일을 스스로 해낼 수 있도록 관심을 갖고 미리 가르치자.

아이의 부족함이 학교나 또래 집단에서 드러나면 아이는 그 환경에서 홀로 견뎌야 할 수 있다. 부모의 잘못된 생각이나 행동이 외부에서 어떻게 받아들여질지 생각해보고, 그 결과가 기관, 선생님, 또래들 사이에서 오래 기억될 수 있다는 사실을 잊지 말자.

낭비하는 시간 없애고, 집중력 높이기

공부에 집중하는 시간을 늘리면 성적이 올라갈 것이다. 예를 들어 공부 중에 책상 위에 있는 물건들을 치우는 것, 문제를 풀다가 갑자기 필기구를 정리하는 것은 공부에 집중하는 시간이 아니다. 집중력을 높여 시간을 최대한 효율적으로 쓰는 방법을 알아보자.

짧은 집중력 활용법

교육심리학자 캘러(John M. Keller)의 학습자의 동기 유발을 위한 ARCS이론에 따르면 '학생이 주의집중을 하고(Attention), 학습 내용이 자신과 관련이 있음을 느낄 때(Relevance) 학습 과정에서 성공 경험을 통해 자신감을 얻으며(Confidence), 학습 후 만족감을 경험한다(Satisfaction)'고 한다. 결국 학습의 성과는 학생이 학습 내용에 얼마나 '집중'할 수 있고, 얼마나 '흥미와 가치'를 느끼느냐에 달려 있는 것이다.

주의집중력이 짧은 경우에는 시험 준비와 시험을 연달아 반복하는 방식이 학습 효과를 높인다. 오랜 시간 공부한 것보다 시험 직전 5분 동안 암기한 내용이나 친구에게 들은 말이 더 기억에 남는 경우가 많다. 이는 짧은 시간 동안 주의집중이 극대화되기 때문이다.

이 점을 활용하면 주의집중 시간이 짧아도 시험 직전처럼 효과적인 학습이 가능하다. 예를 들어 '5분 암기+5분 테스트', '10분 암기+10분 테스트'를 반복하는 것이다. 이 방식으로 시간을 점진적으로 늘려가면 최종적으로 1시간까지 집중력을 올릴 수 있다.

전략적으로 책 읽기

책을 많이 읽는 아이들의 말과 글을 보면 생각이 깊고 풍부하며 상상력과 창의력이 뛰어나다. 같은 사건을 보더라도 '왜 그렇게 되었을까?' 하고 유추하는 능력, '앞으로 어떤 일이 벌어질까?' 하고 예측하는 능력, '이 일은 이래서 생겼구나!' 하고 추론하는 능력, '꼭 그래야만 했을까?' 하고 비판적으로 사고하는 능력, 그리고 자신의 지식에 새로운 정보를 더해 확장하는 능력이 뛰어나다.

책을 읽는 아이와 읽지 않는 아이의 차이는 학년이 올라갈수록 더욱 뚜렷해지는데, 가장 큰 차이는 어휘력에서 나타난다. 사회나 과학 과목에서 개념을 설명할 때 어려운 단어가 나오면 이해하는 데 어려움을 겪는 아이들이 많다. 일반적으로 초등학교 3학년부터 격차가 나타나기 시작하며, 특히 5학년 2학기 사회 교과에서 역사 부분을 학습할 때 두드러진다. 5학년은 조선 후기까지, 6학년 1학기에는 근현대사와 세계지리를 배우는데, 이때 배경지식이 있느냐 없느냐에 따라 수업을 이해하는 시작점과 속도가 달라진다.

따라서 독서 습관을 기르는 것은 매우 중요하다. 이때 아이가 단순히 책을 읽게 하는 것보다, 함께 책을 읽고 질문하며 이야기를 나누는 것이 도움이 된다.

1. 확인하기: 주인공은 왜 그런 행동을 했을까? 그 행동에 어떤 의미가 있는지 설명해볼까?
2. 질문하기: 이 책을 읽고 무엇을 알게 되었어?
3. 요약하기: 이 책은 어떤 메시지를 담고 있을까?
4. 예측하기: 다음에는 어떤 일이 벌어질까?
5. 문장 찾기: 책에서 가장 인상 깊었던 문장 다섯 개를 고르고, 왜 마음에 들었는지 함께 이야기해볼까?
6. 새로운 시각으로 보기: 만약 이 이야기의 다른 버전을 만든다면 어떻게 바꿔보고 싶어?

대충 읽었던 아이들도 책을 읽고 질문을 주고받으며 이야기를 나누다 보면 점차 속도를 조절하고 집중해서 읽게 된다. 이러한 질문은 아이가 전략적으로 읽기 능력을 키우는 데 도움이 된다. 특히 아이가 책을 깊이 이해하고 흥미를 느낄 수 있도록 부모가 함께 책을 읽으며 대화를 나누는 것이 효과적이다.

좋아하는 것이 꿈을 만든다

아이들 중에는 가끔 "저는 왜 꿈이 없을까요?"라고 묻는 경우가 있다. 다른 아이들은 모두 장래희망이 있는데, 자기만 없는 것 같아 이상하다고 느끼는 것이다. 반면, 장래희망을 묻는 질문에 당당하게 "아직 없어요"라고 답하는 아이들도 있다.

아이들에게 장래희망을 물어보면 현재 관심사를 알 수 있을 뿐만 아니라, 부모의 직업 선호도도 엿볼 수 있다. 예를 들어 아이돌에 관심이 많은 아이는 가수나 연예인을 꿈꾸고, 유튜브를 즐겨 보는 아이는 유튜버가 되고 싶어 한다. 어린아이들은 경찰이나 소방관처럼 익숙한 직업을 선망하기도 한다. 한편, 의사나 검사를 장래희망으로 꼽는 아이들 중에는 "엄마가 원해서요"라고 이유를 밝히는 경우도 있다.

장래희망이 아직 없는 것은 괜찮다. 다양한 직업과 희망사항 중에서 하나를 정하지 못했거나, 하고 싶은 것이 너무 많아서일 수도 있기 때문이다. 그러나 '내가 되고 싶은 사람'이나 '꿈' 자체가 없는 것은 조금 아쉬운 일이다. 아이가 여러 가지 경험을 통해 가슴 뛰는 목표를 발견하지 못했다면 그만큼 인상 깊고 멋진 경험이 부족했을 가능성이 크기 때문이다.

어떤 이유에서든 무엇인가 되고 싶은 마음은 열정을 만들어낸다. 이 시기에 누군가를 좋아하고 멋있다고 느끼며, 많은 시간을 함께하고 싶어 하는 것은 당연한 일이다. 이것을 '시간 낭비, 에너지 낭비, 쓸데없는 행동'이라고 단정 짓지 말자. 아이의 열정을 인정하고 존중해주자.

무언가에 몰입하는 아이는 하고 싶은 일이 있다는 것이고, 되고 싶은 것도 생긴다는 것이며, 그 목표를 위해 열정을 쏟을 수 있다는 의미이다. 그래서 아이에게 열정이 있고 이것을 쏟아부을 수 있는 대상이 있다는 것 자체가 감사한 일이다.

지금 이 시기조차 무언가에 몰입할 수 있는 열정이 없다면, 앞으로도 일상에서 흥미와 즐거움을 느끼기 어려울 것이다. 아이가 무엇인가에 열정을 느끼고 즐거움을 찾는 모습을 긍정적으로 바라보자. 그 열정이 언젠가 공부에도 쏟아질 것이라고 믿어보자.

중고등,
말로 상처 주지 말고 믿어주자

중고등학생은 민감한 시기로 신중한 접근이 필요하다는 것을 우리는 이미 잘 알고 있다. 아이를 세심하게 배려하는 것도 좋지만, 그렇다고 해서 어려움을 피할 수만은 없다. 좋은 도자기를 만들려면 여러 차례 뜨거운 가마에서 구워야 하듯이 이 시기도 반드시 거쳐야 할 성장 과정이다. 개성 있고 단단한 도자기가 되려면, 아이는 이 시기를 슬기롭게 극복하고 한층 더 성장해야 한다. 그렇다면 처음으로 혼란을 겪는 아이에게 부모는 어떤 점을 조심하고, 무엇을 반드시 경험하게 해야 할까?

아이 앞에서 언행을 조심하자

아이가 어렸을 때 부모는 항상 말을 조심하고 신중하게 행동했을 것이다. 부모의 일거수일투족이 아이에게 영향을 준다는 것을 알았기 때문이다. 그러나 아이가 커가면서 거친 말을 하거나 반항하는 순간이 늘어나면 부모도 '이제 우리를 이해할 나이가 됐지'라는 기대와 '내 마음을 알아주었으면' 하는 생각에 사로잡혀 감정을 쏟아내기도 한다.

특히 힘든 순간이나 마음이 복잡할 때 아이 앞에서 불쑥 감정이 올라오는 경우가 있다. 하지만 아이 앞에서는 "살기 싫다", "죽고 싶다", "아빠가 싫다", "엄마가 싫다", "가족이 다 밉다"와 같은 극단적인 말을 해서는 안 된다.

힘든 상황에 처했을 때는 다른 사람이 곁에서 힘들어하는 모습을 보면 그 감정에 동화되기 쉽다. 그래서 누군가가 극단적인 선택을 한 기사를 접하면 '안타깝다'는 생각보다는 '그럴 만하지', '나도 그럴 수 있겠다'는 감정에 휩쓸리기도 한다.

청소년기 아이들은 감정에 더 쉽게 동화된다. 가정에서 의지하는 부모가 감정 기복이 심하면 아이도 자연스럽게 부모의 감정에 휘둘리게 된다. 아이가 애어른처럼 나를 위로하고 챙겨주는 것 같아도 이미 내 감정에 함께 휩쓸려 있는 것이다. 반대로, 아이가 더 화를 내고 짜증을 부리며 가출을 하는 것도 부모의 감정에 휩쓸려서 하는 행동이다.

내가 뱉은 말과 행동이 어느새 아이에게 스며들어 내 말과 행동을 반복하게 된다. 따라서 극단적인 언행은 절대 하지 말아야 한다.

스스로 화를 제어하지 못해 폭발하고 뒤늦게 아차 싶어 아이에게 미안하다고 사과하는 일이 반복되고 있다면 전문가의 도움을 받자. 달라지겠다고 결심해도 의지만으로는 해결되지 않을 수 있다. 내가 빨리 개선되어야 아이가 안정을 찾고 결국 가정 전체가 편안해질 수 있다. 아이만이 아니라 가족 구성원 모두가 나로 인해 힘들지 않도록 병원에 가보는 것을 적극적으로 권유한다.

사춘기는 반드시 겪어야 한다

많은 부모들이 '우리 아이에게 사춘기가 오면 어떨까?' 혹은 '사춘기를 겪지 않고 지나갈 수는 없을까?' 걱정하고 오해하는 경우가 많다. 그러나 사춘기는 자연스러운 성장 과정으로 꼭 겪어야 하는 시기다. 나는 아이들이 이 시간을 지나가면서 폭풍우처럼 격렬하게 감정을 표현하고, 자신을 숨기지 않으며 마음속 에너지를 쏟아내기를 바란다. 그리고 그 과정에서 타인과 감정을 나누고, 에너지를 주고받을 수 있는 사람으로 성장하길 기대한다.

부모가 아이의 사춘기를 두려워하는 이유는 아이가 격한 감정을 쏟아내고, 그 감정이 부모에 대한 반항심으로 이어지지 않을까 하는 걱정 때문이다. 그러나 감정을 쏟아내고 에너지를 발산하는 것은 나쁜 일이 아니다. 감정을 적절히 표현할 수 있도록 도와주어야 한다.

그래서 어릴 때부터 감정을 인식하고 표현하는 훈련이 필요하다. 청소년기에는 아이가 감정을 표현할 때 '맞다, 아니다'라고 평가하거나 "엄마(아빠)의 생각은 말이야…"로 대화를 시작하기보다는 아이가 표현한 감정에 "그랬겠네", "맞네!" 등의 추임새로 맞장구를 치거나, 앵무새처럼 "속상했겠다", "열받았겠다", "우울했겠다"와 같이 아이의 감정을 인정하고 공감하는 방식으로 반응하는 것이 좋다.

이 시기의 아이들은 가족과 대화하는 것을 꺼리는 경우가 많다. 또래 친구들과 더 가까이 지내며, 자신과 비슷한 생각을 가진 사람들과 이야기하고 싶어 하기 때문이다. 부모와 관심사가 다르고 공감받지 못한다고 느낄 때 아이는 대화를 피하며, 특히 잔소리나 평가하는 말은 부담이 된다. 그래서 아이는 아예 말을 하지 않거나, 가족 모임 자체를 피하려고 할 수 있다.

사춘기인 아이가 우리와 함께하고 자신의 이야기를 곧잘 나누고 있다면, 부모가 아이의 말을 평가하지 않고 경청하는 것이 생활화된 결과다. 아이가 소통을 잘 해주는 것에 감사하고, 그 시간을 소중하게 여기자.

반대로 아이가 가족과의 시간을 싫어하고 자기 방에만 있다고 해도 "넌 우리가 싫어? 네 방에 좋은 거 숨겨놨어?"와 같은 말은 피해야 한다. 대신 아이의 독립성을 존중하고 함께할 저녁 시간을 미리 정해두는 것이 효과적이다.

아이의 사생활을 지나치게 궁금해하거나 캐묻기보다는 부모가 오늘 겪은 일만 자연스럽게 이야기하는 방식으로 소통하자. 아이가 먼저 이야기를 꺼낼 때는 "아, 그랬구나" 정도로 공감하며 반응하면 된다.

그릿을 높여주자

심리학자 앤절라 더크워스(Angela Duckworth)는 '그릿(GRIT)'을 포기하지 않고 끈질기게 노력하는 힘으로, 열정과 결합된 끈기라고 정의했다. 이는 긍정적인 심리적 특성으로 노력을 지속하고 흥미를 유지하며 장기적인 목표를 끝까지 이루어 나갈 수 있게 한다.

청소년기 학생에게 그릿이 있다면 목표가 생겼을 때 이루지 못할 것이 없을 것이다. 실제로 그릿은 집중력을 향상시키고 공격성을 줄이며, 사이버 비행과 같은 부정적인 행동을 할 가능성을 낮춘다고 알려져 있다.

그릿을 높이려면 다양한 열정을 한곳에 집중시켜야 한다. 관심이 분산되면 목표를 잊거나 포기할 수 있다. 강한 의지와 끈기로 중간에 포기하지 않고 꾸준히 노력할 때 좋은 결과를 거둘 수 있다.

아이의 그릿을 높여주기 위한 방법으로 핸드폰의 '타임랩스'나 '하이퍼랩스' 기능을 활용해보자. 긴 시간 동안 촬영한 영상을 빠른 속도로 압축하여 짧게 만들어주는 이 기능을 이용해 아이가 목표를 설정하고 실행하는 과정을 기록해보자.

아이들은 마음만 먹으면 '수학 공부를 해야지', '3단원까지 해야지', '몇 시까지 끝내야지'처럼 목표를 쉽게 세운다. 중요한 것은 목표 자체보다 달성하기 위해 얼마나 꾸준히 노력하는지다. 목표를 정한 뒤에 아이가 공부하는 모습을 영상으로 기록하면, 스스로 목표에 얼마나 집중하는지 혹은 중간에 주의가 분산되는지 객관적으로 확인할 수 있다. 이렇게 자신이 몰입하는 모습을 보면 아이 스스로 더 집중하고 싶은 마음이 생길 것이다.

목표에 몰입하는 시간을 늘리는 것이 그릿을 높이는 훈련이다. 꼭 공부할 때만 촬영할 필요는 없다. 청소를 목표로 했다면 그 시간, 쉬는 시간에 책을 읽기로 했다면 그 모습, 아이가 좋아하는 게임을 하는 시간도 영상으로 기록할 수 있다. 그리고 공부할 때의 영상과 좋아하는 활동이나 쉬는 시간의 영상을 비교해 보면, 아이가 자신을 더 잘 이해하는 계기가 될 수 있다.

아이의 독립은 부부에게 새로운 시작이다

가족이 함께 있어도 사춘기가 오면 아이는 말을 하지 않거나 입을 꾹 다물고 있다. 말을 해도 듣는 둥 마는 둥 하고 물어봐도 건성으로 대답한다. 어쩌다 길게 대답을 해주면 그날은 기분 좋은 날이다.

그래서 부모는 점점 더 말을 늘어놓게 된다. 오늘은 어땠는지, 무엇을 하며 지냈는지, 좋았는지 나빴는지, 어려운 건 없었는지 묻다 보면 결국 공부는 얼마나 했는지, 숙제는 다 했는지 체크하게 된다. 부모가 원했던 것은 아이의 소소한 일상과 감정을 나누는 것이었지만, 아이가 시큰둥하게 반응하자 부모도 원치 않았던 공부 이야기로 대화를 마무리하게 된다.

이와 같은 사례는 주변에서 흔히 볼 수 있다. 중고등 학생이 되면 일상을 가족과 공유하고 싶어 하지 않는다. 부모에게 잔소리를 들을 거라 생각하거나 자신의 일상을 부모가 알 필요 없다고 여기기 때문이다. 이때는 굳이 묻지 않는 것이 좋다. 물어봐도 대답하지 않거나 싫어할 경우 부모가 계속 매달릴 필요는 없다.

더 이상 아이에게만 매달리지 말고, 이제야말로 부부가 서로에게 관심을 가질 기회가 왔다고 생각하자. 그동안 아이를 키우느라 부부는 서로에게 소홀해졌을 것이다. 아이의 일거수일투족을 챙기고 감정을 헤아려주며, 문제가 생기면 해결해주기 위해 애쓰느라 정작 부부 관계는 멀어졌다.

이제는 거리를 좀 더 좁히고 부부만의 시간을 되찾을 때다. 아이에게 쏟았던 관심을 배우자에게 나누자. 오늘 하루는 어땠는지, 어떤 일이 있었는지, 내일 저녁에는 무엇을 먹고 싶은지, 주말에는 어떤 계획이 좋은지 물으며 소소한 대화를 나누자. 작은 관심과 대화가 부부 관계를 더욱 단단하게 만들어줄 것이다.

아이의 자립을 원한다면 부부는 미리 아이가 독립한 이후의 삶을 준비해야 한다. 아이는 충분히 준비되었는데 정작 부부가 준비되지 않으면 이전의 삶과 현재의 삶 사이에서 공허함을 느낄 수 있다.

'나는 그동안 무엇을 했을까?', '내 삶은 누구를 위한 것이었을까?'라는 생각에 사로잡혀 힘들고, 마치 나만 갑자기 늙어버린 것처럼 느껴질 수도 있다. 게다가 이유 없이 여기저기 아픈 듯한 기분이 들며 허탈감이 커질 수 있다.

마음이 허해지기 전에 부부가 서로의 존재를 느끼고, 기대고, 함께할 수 있어야 한다. 그래야 아이가 자기 삶을 찾아갈 때 부부도 자신들의 삶을 즐길 수 있다. 그것을 미리 연습하는 시기라고 생각하자.

서로에게 관심을 가지고 함께 시간을 보내며 이야기해야 한다. 그러려면 아이에게 하는 말을 줄이고, 부부끼리 대화를 늘려가야 한다. 이상하게도 가끔 만나는 사람보다 매일 보는 사람과 더 할 말이 많기 마련이다. 부부도 그렇게 다시 친해져야 한다.

7장

공부는 멘탈이다

아이의 진정한 행복은 어디에서 올까?

앞서 아이가 행복하고 마음이 편안해야 공부를 잘할 수 있다고 말했다. 비단 성적 때문만이 아니라 모든 부모는 아이가 행복하길 바란다. 그러나 사실 행복은 누군가가 대신 만들어줄 수 있는 감정이 아니다. 진정한 행복은 아이가 자신에게 맞는 방법으로 만족감을 느낄 때 비로소 찾아오는 감정이기 때문이다.

인간은 '자립'과 '독립'을 통해 인생에서 만족감을 느낄 수 있다. 아이가 성장해서 자신의 삶을 책임지고 행복을 찾는 것은 모든 부모가 바라는 일일 것이다. 이를 위해서는 어릴 때부터 자립을 연습하고, 다양한 능력을 몸에 익혀야 한다.

그렇다면 아이가 자립하기 위해 필요한 것은 무엇일까? 이를 알아보는 검사 중 하나가 사회성숙도 검사이다. 이 검사는 6가지 주요 영역으로 나뉘고, 총 117개의 문항으로 이루어져 있다.

1. 자조: 자신을 돌보는 능력
2. 이동: 신체적인 이동 능력
3. 작업: 일상적인 업무수행 능력
4. 의사소통: 타인과의 원활한 의사소통 능력
5. 자기관리: 개인위생 및 자기관리 능력
6. 사회화: 타인과 관계를 형성하고 유지하는 능력

사회성숙도 검사는 0~30세의 사람들을 대상으로 각 영역에서 얼마나 발달했는지를 확인한다. 이 검사를 통해 같은 나이대의 다른 사람들과 비교해서 사회적 능력을 알 수 있다. 검사 결과로 사회연령(SA)을 구할 수 있고, 이를 바탕으로 사회지수(SQ)를 계산할 수 있다. 점수가 낮으면 사회적 상황에서 어려움을 겪고 있다는 뜻이고, 점수가 높으면 잘 적응하고 있다는 의미이다.

스스로 잠자리에 들고, 밥을 먹고, 씻고, 화장실에 가고, 옷을 입고, 학교에 가고, 숙제를 하고, 계획을 세우고, 놀고, 공부하고, 친구를 만나고, 학원에 가고, 연애를 하고, 아르바이트를 하고, 면접을 보고, 직장을 얻고, 회사에 가고, 여가생활을 즐기는 이 모든 것이 바로 독립이다.

아이가 독립적인 삶을 살기 위해서는 어릴 때부터 연습이 필요하다. 아이는 일상적인 일을 스스로 처리하고, 그 과정에서 자신이 해냈다는 만족감을 느껴야 한다. 오늘 조금 부족하더라도 내일은 더 나아질 것이라는 믿음으로 성장을 경험해야 한다.

부모가 혼자 할 수 있는 기회를 주면 아이는 성취감을 느끼게 된다. 부모의 역할은 아이 스스로 모든 일을 할 수 있도록 돕고 그 과정에서 자신감을 키워주는 것이다. 인간은 부모로부터 경제적, 정서적으로 자립하고 독립적인 삶을 살아갈 때 진정한 만족과 행복을 경험할 수 있다.

부모는 가정의 기둥이자 지붕이다

 아이가 태어나면 부부의 생활은 자연스럽게 아이 중심으로 변하게 된다. 아이에게만 집중하다 보면 놓치기 쉬운 부분이지만, 아이의 행복과 성장에 가장 큰 영향을 미치는 것은 부모와 가정환경이다. 아이와 평생을 함께할 우리 부부와 가정을 돌아보며, 그 관계를 세심하게 돌보는 일이 무엇보다 중요하다.

 영유아는 돌봄과 보호가 절대적으로 필요하다. 아이의 울음은 환경의 위협이나 불만족스러움을 표현하는 것이다. 부모는 불편함을 제거하고, 아이에게 필요한 것을 채워준다. 이를 제때 해결해 주는 사람이 없다면 아이는 보호받고 있다는 안정감을 느낄 수 없을 것이다.

아이가 원하는 것은 단지 위협에서 보호받고 부족한 것을 채워주는 것만이 아니다. 아이는 관심과 사랑을 필요로 한다. 부모는 관심을 기울이고 있다는 사실을 아이가 느낄 수 있도록 해야 한다. 아이가 부모의 관심을 느낄 수 있는 방법은 다양하다. 부모의 따뜻한 눈빛, 웃는 표정, 다정한 말, 응원의 박수, 두 팔로 안아주는 것, 부드럽게 토닥여주는 손길, 뽀뽀하며 부비는 뺨 등이 바로 그것이다.

우리는 아이를 돌보고 따뜻한 관심을 기울이며, 문제가 생기면 해결해 주어야 한다는 것을 잘 알고 있다. 머리로는 알지만, 가끔 감정에 휘둘리는 날도 있다. 아이에게 웃어주고 싶고, 따뜻한 말을 해주고 싶고, 잘했다고 칭찬하며 박수를 쳐주고 싶고, 두 팔 벌려 꼭 안아주고 싶지만 내 몸이 따라주지 않는다.

감정이 이성을 압도하고, 몸이 머리를 따라주지 않을 때 우리는 자기 자신을 돌아봐야 한다. 부모가 아이를 키울 때는 자기객관화가 필요하다.

자기객관화는 자신의 감정과 행동을 객관적으로 바라보고 분석하는 능력을 의미한다. 자기객관화가 부족한 사람들에게 나타나는 특징은 다음과 같다.

첫째, 방어적인 태도를 취한다.

자신을 옹호하고 변명하며, 자신의 행동이나 의사결정이 항상 옳다고 믿는다. 또한 다른 사람들의 의견이나 비판에 예민하게 반응한다.

둘째, 책임을 회피한다.

문제가 발생하면 주변 환경이나 타인 탓을 하며, 자신의 실패나 문제를 자신의 책임으로 받아들이지 않고 외부 요인으로 돌린다.

셋째, 순수한 감정 표현이 어렵다.

본능적인 감정을 정확하게 알고 표현하는 데 어려움을 겪는다. 감정을 억누르거나 숨기려는 경향이 있어 그 사람의 진짜 감정을 파악하기가 어렵다.

넷째, 갈등을 잘 관리하지 못한다.

갈등 상황에서 상대방의 입장을 이해하거나 수용하는 것이 어렵고, 이로 인해 갈등이 지속되거나 반복된다.

부모는 항상 자신을 객관적으로 바라보고, 아이를 양육하면서 감정과 행동을 조절해야 한다. 자기객관화가 어려울 때는 옆에서 그것을 알아채고 알려줄 수 있는 사람이 필요하다. 감독이라는 역할이 단지 눈을 부릅뜨고, 잘하는지 못하는지를 체크하는 것이 아니다. 부부가 서로 부모의 역할을 잘하고 있는지 점검하고, 오늘 어떤 하루를 보냈는지 알아주는 것이다.

  부부는 서로에 대해 제일 잘 알고 있다. 그래서 대화가 필요하다는 것을 알면서도 감정이 상하거나 싸울까 봐 피하는 경우도 있다. 부부 사이에도 대화를 하지 않으면 오늘 어떤 하루를 보냈는지, 기분이 어떤 상태인지 알 수가 없다. '왜 나를 몰라주지?'라고 생각하기보다는 내가 말을 하지 않으면 상대가 모를 수밖에 없다는 점을 이해해야 한다.

  가까운 사이일수록 서로에 대해 더 많이 알려주어야 한다. 지속적인 관심과 대화가 서로를 이해하는 데 도움이 된다. 아이가 우리 집의 기둥이 아니라, 부부가 기둥이자 지붕이다. 아이가 튼튼하고 안락한 기둥과 지붕 아래에서 성장할 수 있기를 바란다.

작은 변화가
아이의 자신감을 만든다

 부모는 항상 아이를 잘 키우기 위해 노력한다. 늘 아이가 잘되기를 바라지만, 아이에게 문제가 생기거나 어려움을 겪으면 '나 때문이야'라고 자책하는 경우가 많다. 어떤 일이 벌어졌을 때 '혹시 내가 원인일까?'라고 생각하면서 자신을 돌아볼 수는 있지만, 모든 문제를 자신의 탓으로 돌릴 필요는 없다.

 아이들의 기질은 타고난 것이며 부모에게 물려받은 것이다. 그래서 내 모습이나 배우자의 모습이 아이에게 많이 보이기도 한다. 그런 모습을 보면 흐뭇할 때도 있지만, 가끔은 걱정이 되기도 한다. 나의 기질을 물려받은 아이가 그 기질 때문에 힘들어할 때면 내 탓인 것처럼 느껴지기도 한다.

나는 누구의 기질을 물려받았을까? 당연히 부모에게서 물려받았을 것이다. 내 기질적 특성은 부모에게서 물려받았고, 그것은 아이에게 양육방식으로 영향을 줄 것이다. 그렇다면 이것은 부모님의 잘못일까?

아이의 모든 문제가 내 탓이나 내 잘못만은 아니다. 지나치게 자책하면 자신을 비난하게 되고, 모든 일에 확신을 갖기 어려워진다. 아이를 키울 때 확신이 부족하면 양육 태도에 일관성이 떨어지게 된다. 혼란스러운 아이는 부모의 눈치를 보면서 쉬운 선택도 망설이게 되고, 자신이 원하는 것을 표현하거나 거절하는 데 어려움을 겪게 된다. 부모처럼 아이 역시 자기주장을 하기 어려워지는 것이다.

자책은 이미 지나간 일에 대한 후회에 불과하고, 오히려 아이에게 부정적인 영향을 준다. 자책할 시간에 앞으로 더 잘할 수 있다고 생각하면서 아이에게 변화된 모습을 보여주자. 그동안 아이를 잘 키워왔음을 인정하고 자신을 칭찬하자. 나를 먼저 기특하게 여기고 노력을 인정해주자.

나에 대한 확신은 자신감을 높이고, 자신감은 자존감으로 이어진다. 그동안 관심을 기울이며 최선의 선택을 했다는 생각이 들면 아이에게 집중해온 것도 자랑스럽게 느껴진다. 이런 긍정적인 마음은 아이에게도 좋은 에너지를 전달한다. "안 돼"보다는 "해보자", "어렵겠다"보다는 "할 수 있어"라는 말을 자주 하게 되고, 밝은 표정과 목소리로 아이와 소통하게 된다.

긍정적인 에너지는 아이에게도 전해져 하기 싫었던 일도 '한번 해보자!'라는 마음이 들게 한다. 못할까 봐 걱정하기보다는 잘 해낸 자신을 상상하며, 어려운 상황에서도 포기하지 않고 끝까지 도전할 수 있게 된다. 이런 에너지는 아이에게 새로운 환경이 되어 타고난 기질과는 별개로 많은 영향을 준다.

'기질은 변할 수 없다'고 생각하면서 아이의 타고난 기질을 탓하거나 그것을 자신의 탓으로 돌리지 말고 '환경의 영향으로 성격은 변할 수 있다'는 점을 기억하자. 우리 가정, 부부 그리고 내가 아이에게 긍정적인 환경을 만들어주면 함께 성장할 수 있다.

부모가 타고난 기질로 힘들었더라도, 과거와 다르게 지금은 긍정적으로 변했다는 것을 깨달아야 한다. 그동안 환경에 맞춰 발전해왔고, 아이는 부모의 변화를 가까이에서 느끼고 있었을 것이다. 아이 역시 타고난 기질과는 별개로 더 긍정적으로 발전할 수 있도록 도와주자.

저절로
괜찮아질 거라는 착각

    우리는 정보화 시대에 살고 있다. 이제는 정보에 파묻혀 있다고 해도 과언이 아닐 만큼 정보를 손쉽게 얻고 있다. 그러나 그만큼 잘못된 정보를 가려내기도 어려워졌다. 쉽게 접한 정보가 사실처럼 받아들여지고, 검증 없이 퍼져나가는 경우도 많다.

    그러다 보니 전문가의 의견보다 "아이의 발달이 좀 늦어도 기다려 보라고 하던데요", "이 시기에는 누구나 산만할 수 있대요", "이런 그림을 그리면 문제가 있을 수 있대요", "이 버릇은 시간이 지나면 저절로 없어진대요" 같은 말을 더 믿게 된다.

    다른 사람의 의견을 듣고 참고하는 것은 좋다. 그러나 타인은 우리 가정, 부부 그리고 내 아이를 속속들이 알지 못한다. 가까운 친정, 시댁 식구들조차도 나만큼은 우리 아이와 삶을 알지 못한다.

가까운 사람들에게 조언이나 격려를 들었을 때 생각해보자.

'나는 왜 이 질문을 했을까?'

누군가에게 조언을 구했다는 것은 일상 또는 양육에서 내가 보기에 이상함이나 변화를 감지했기 때문이다. 그렇다면 그 변화를 '별것 아닐 거야'라며 지나치지 않았으면 한다.

갑자기 원인을 알 수 없는 신체 통증이 생기면 우리는 정보를 검색해본다. 비슷한 증상을 경험한 사람들의 사례, 의학적 지식, 다양한 경험을 참고하며 통증을 완화할 방법을 찾는다. 하지만 정확한 진단을 받기 위해서는 병원에서 검사를 받아야 한다. 원인을 알아야 해결 방법을 찾을 수 있기 때문이다.

마음의 통증이나 정신적인 어려움도 마찬가지다. 원인을 파악해야 해결할 수 있다. 예를 들어 '아이가 공부를 열심히 하는 것 같은데 왜 성적이 오르지 않을까?'라는 의문이 든다면 원인은 지능 문제, 친구 문제, 집중력 문제 등 다양할 수 있다. 그래서 겉으로 보이는 현상만으로는 정확한 원인을 알기 어렵다.

"그 나이 때 다 그렇다", "우리 애도 그랬어", "지금 힘든가 보다", "이런 게 좋대" 같은 말들은 흔히 하는 조언이지만, 다른 사람들이 자신의 관점에서 추측하는 것일 뿐 내 아이의 실제 상황과 다를 수 있다.

초기에 전문가의 도움을 받아 원인을 찾고 해결할 수 있다면 가장 좋을 것이다. 만약 전문가가 "별일 아닙니다. 그 시기에는 잠깐 이럴 수 있어요. 조금만 기다려 보세요"라고 말해준다면, 그 자체만으로도 다행스러운 일이 아닐까.

혹시라도 아이가 스스로 해결할 수 없는 어려움을 겪거나 상처가 깊어지고 있을 수 있으므로 부모는 반드시 아이의 상태를 확인해야 한다. 시간이 흐르면 아이가 혼자 이겨낼 힘을 잃어버릴 수도 있기 때문이다.

가정환경, 부모와 아이의 관계, 부부 갈등, 친구와의 관계 등 다양한 요인이 아이에게 영향을 줄 수 있다. 그 원인을 찾고 해결하기 위해 노력하는 것이 부모의 역할이다. 나만 알고 있는 아이의 작은 변화와 신호를 놓치지 않기를 바란다.

육아에 사회적 연대가 필요한 이유

　아이를 키우는 일은 결코 쉽지 않다. 혼자의 힘만으로는 더욱 어렵다. 아이를 키우려면 많은 사람이 필요하고, 에너지, 시간, 경제적 지원도 필요하다. 부부가 함께 양육하는 것은 물론, 가족과 도우미, 주변의 도움도 필요하다. 결국 한 아이를 키우는 일은 사회가 함께하는 것이라고 할 수 있다.

　서로를 믿고 감정을 나눌 수 있는 사람을 만나 결혼까지 이르는 과정은 결코 쉽지 않다. 아이를 키우는 일도, 가정을 꾸려 안정된 환경을 마련하는 일도 마찬가지다. 그러나 이러한 어려움 속에서도 우리는 잘해낼 수 있다는 믿음과 희망을 품고 오늘도 최선을 다해 살아간다.

그러나 매일같이 접하는 뉴스에서는 삶을 포기하는 극단적인 선택을 하는 사람들의 소식이 자주 전해지고, TV 프로그램에서는 결혼의 어려움, 이혼의 증가, 부부 갈등 그리고 부모의 양육 방식이 아이의 문제 행동을 유발한다는 이야기로 가득하다. 개인은 안정적이고 행복한 삶을 이루기 위해 노력하지만, 다양한 매체들이 오히려 이러한 노력을 방해하는 듯하다.

한편으로는 다양한 채널을 통해 비현실적으로 많은 돈을 소비하고 과시하는 모습이 자주 등장한다. 이는 자신을 타인과 비교하게 만들고, 상대적 박탈감을 느끼게 한다. 마치 세상의 다른 사람들과 가정들은 모두 풍요롭게 사는 반면, 나만 뒤처진 듯한 기분이 들어 좌절과 비참함을 경험하게 된다. 자신에 대한 실망감이 커질 뿐만 아니라 주변 사람들에 대한 부정적인 감정도 생겨나 결국 가정과 아이에게 부정적인 영향을 미치게 된다.

이혼, 부부 싸움, 육아의 어려움, 화려한 삶을 사는 사람들, 과도한 소비는 현실에서 충분히 존재할 수 있다. 그러나 자극적인 화제만을 좇다 보면 이러한 모습들이 과장되거나 왜곡되어 전달되기 쉽다. 이런 콘텐츠가 반복적으로 노출되면 개인과 가정이 긍정적인 사고를 유지하기 어려워질 수 있다. 사회적으로 이러한 문제를 인식하고 적절한 대처 방안을 마련할 필요가 있고, 가정에서는 부모가 자녀의 미디어 노출에 세심하게 신경 써야 한다.

부모조차도 긍정적인 에너지를 빼앗기는 기사나 매체들은 자제하고, 필요하다면 적절한 통제도 고려해야 한다. 개인이 어려움을 겪을수록 가정과 사회는 희망이 될 긍정적인 메시지를 전해야 한다. 아이는 부모에게 긍정적인 에너지를 받고, 부모는 주변과 사회로부터 힘을 얻을 수 있어야 한다. 이런 선순환이 이루어질 때 사회는 가정을, 가정은 그 안의 나와 아이를 더욱 행복하게 만들 수 있다.

우리는 행복하기 위해 태어났고 행복하기 위해 가정을 꾸렸다. 만족스러운 삶을 살고, 그 안에서 안정감을 느껴야만 사회도 건강하게 발전할 수 있다. 앞으로 살아갈 내 아이를 위해 긍정적으로 생각하고 행복을 느낄 수 있는 사회가 필요하다.

행복은 성적순이 아니다.
그러나 인생의 성적은 행복순이다!

아이가 공부를 처음 시작합니다

1판 1쇄 발행 2025년 4월 16일

지은이 손정선
발행인 오영진 김진갑
발행처 (주)심야책방

책임편집 박수진
기획편집 유인경 박민희 박은화 김예은
디자인팀 김현주 강재준
마케팅 박시현 박준서 김수연 김승겸 박가영
경영지원 이혜선

출판등록 2006년 1월 11일 제313-2006-15호
주소 서울시 마포구 월드컵북로5가길 12 서교빌딩 2층
원고 투고 및 독자 문의 midnightbookstore@naver.com
전화 02-332-3310 **팩스** 02-332-7741
블로그 blog.naver.com/midnightbookstore
페이스북 www.facebook.com/tornadobook

ISBN 979-11-5873-335-3 (03370)

이 책은 저작권법에 따라 보호를 받는 저작물이므로 무단전재와 무단복제를 금하며, 이 책 내용의 전부 또는 일부를 사용하려면 반드시 저작권자와 (주)심야책방의 서면 동의를 받아야 합니다.

잘못되거나 파손된 책은 구입하신 서점에서 교환해드립니다.
책값은 뒤표지에 있습니다.